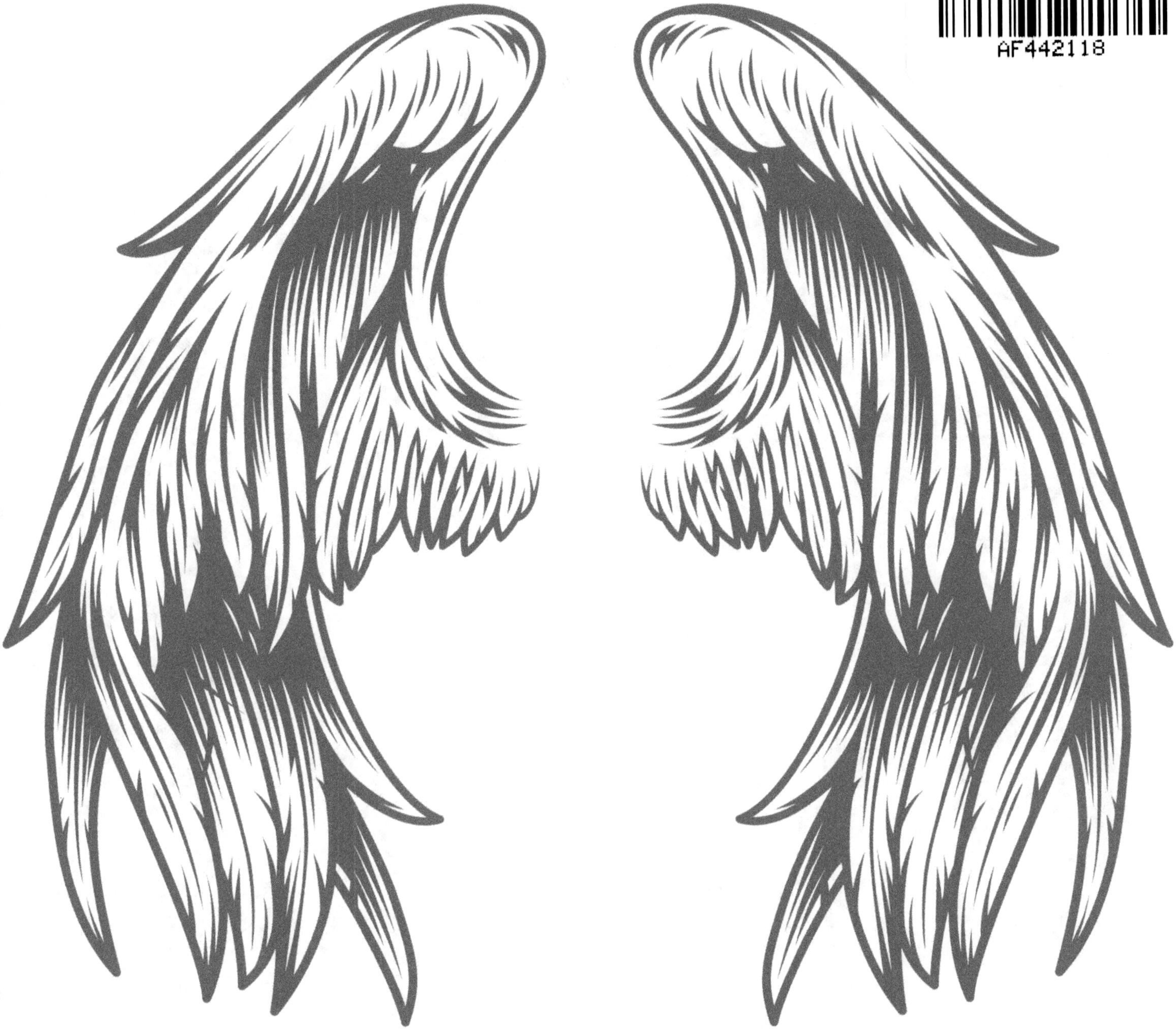

Questo Libro appartiene a:

....

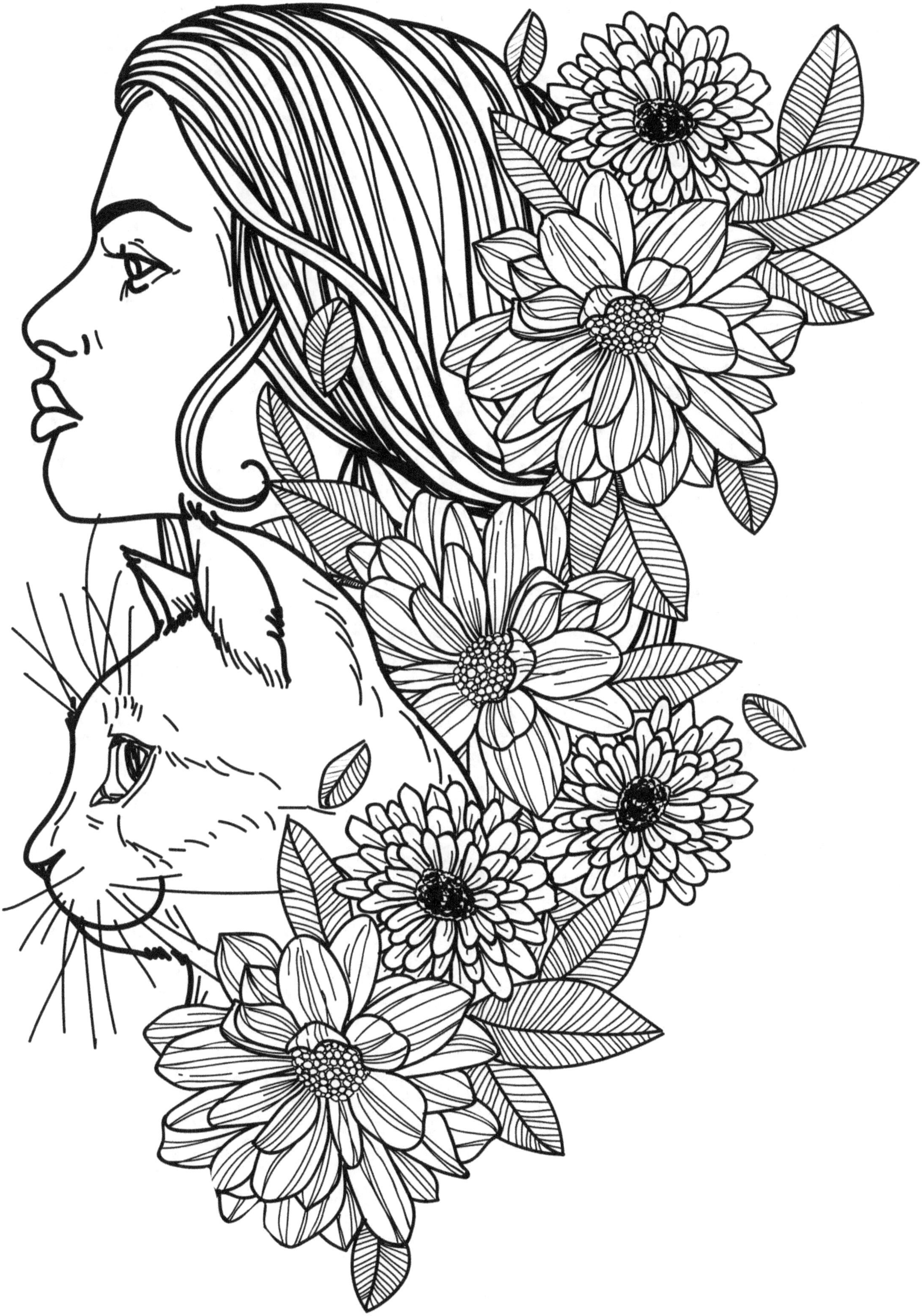

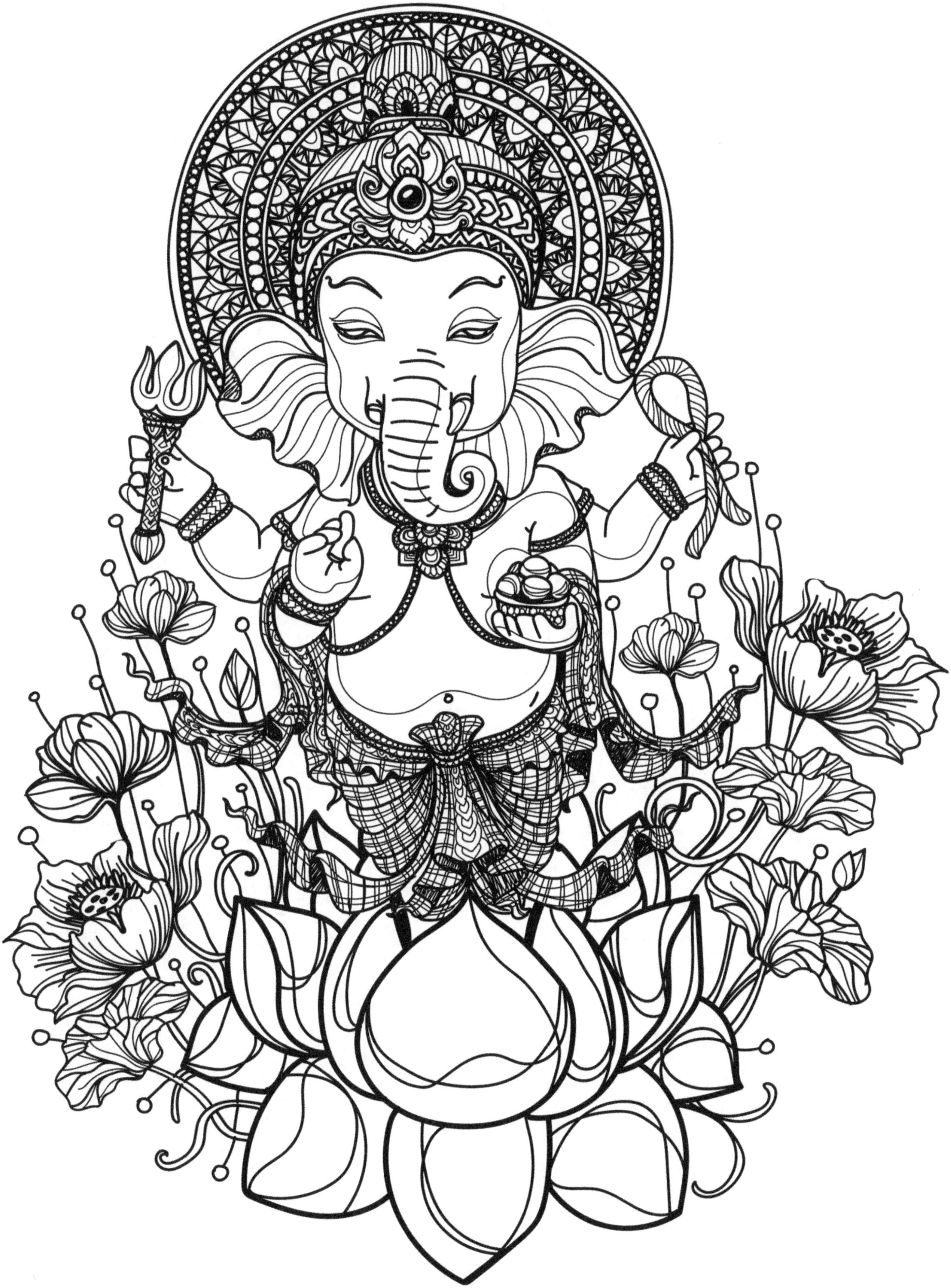

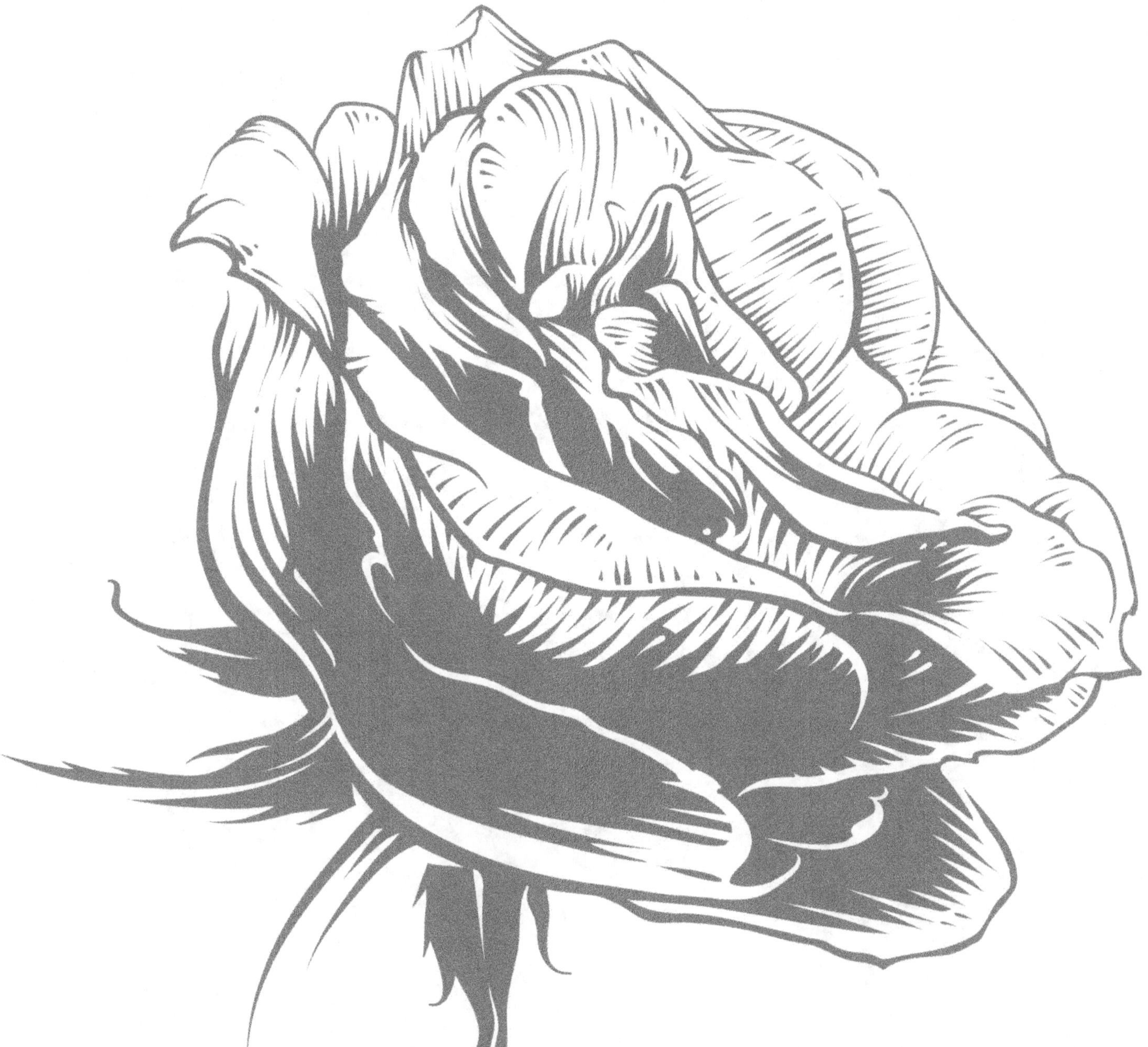

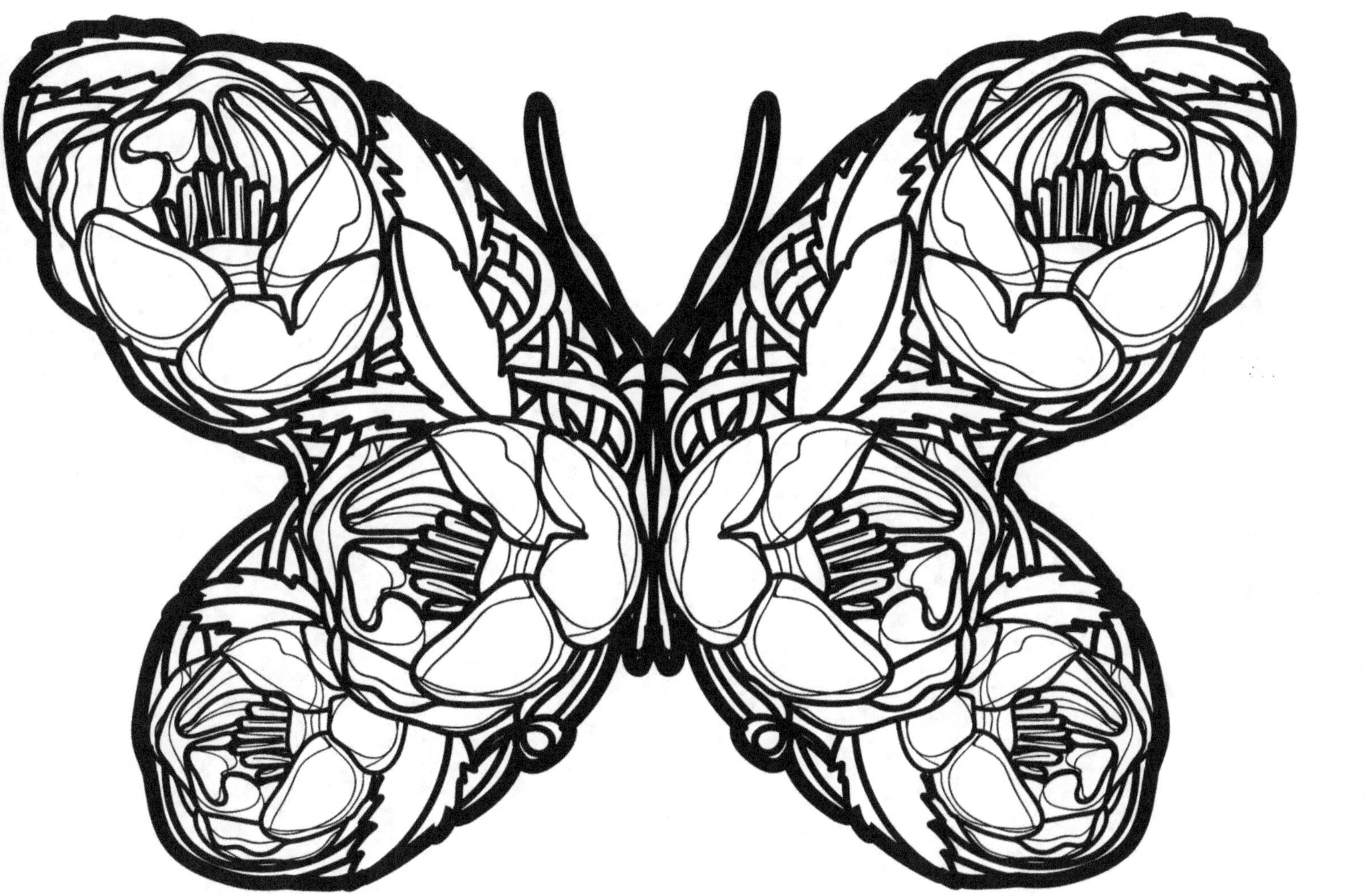

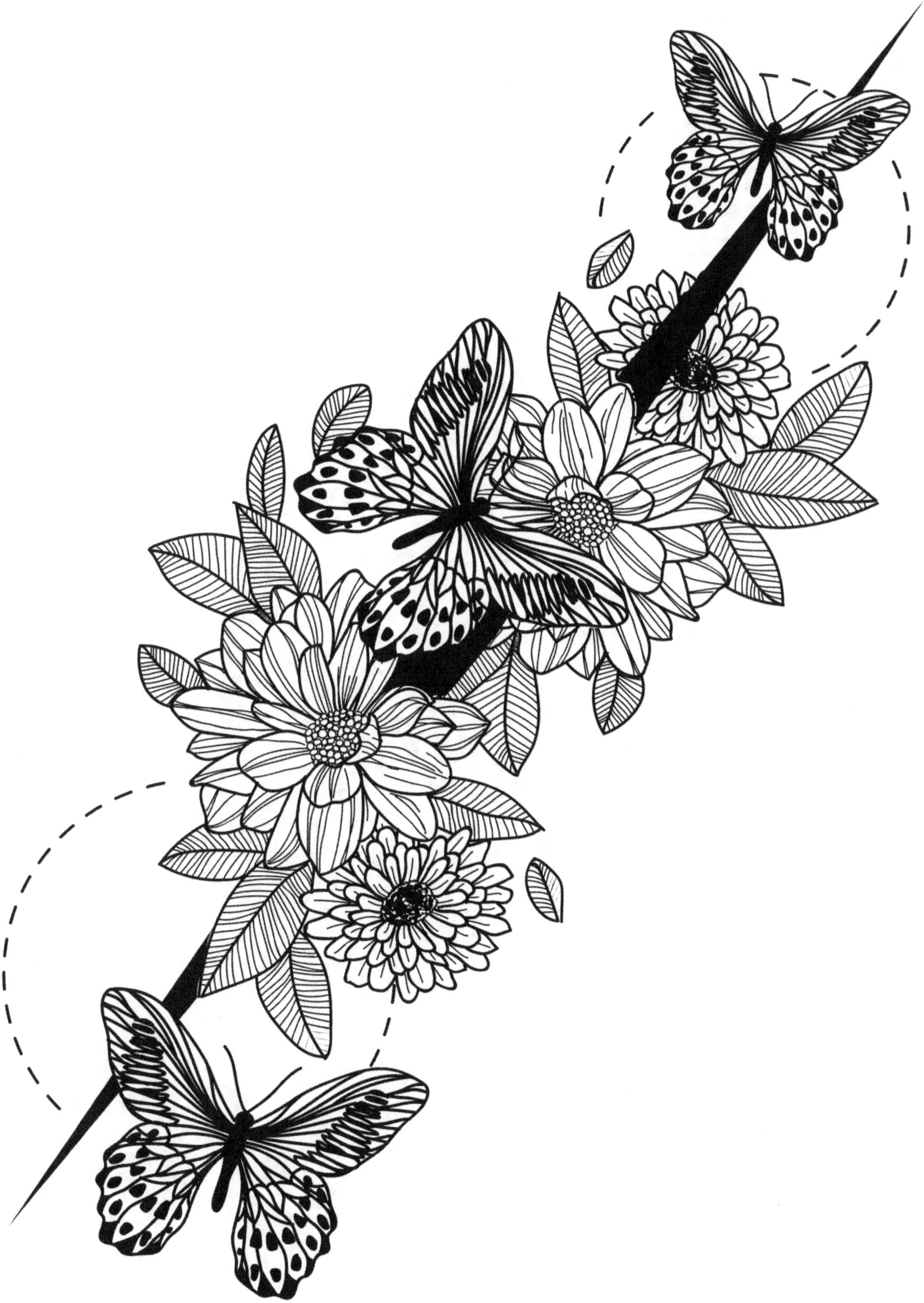

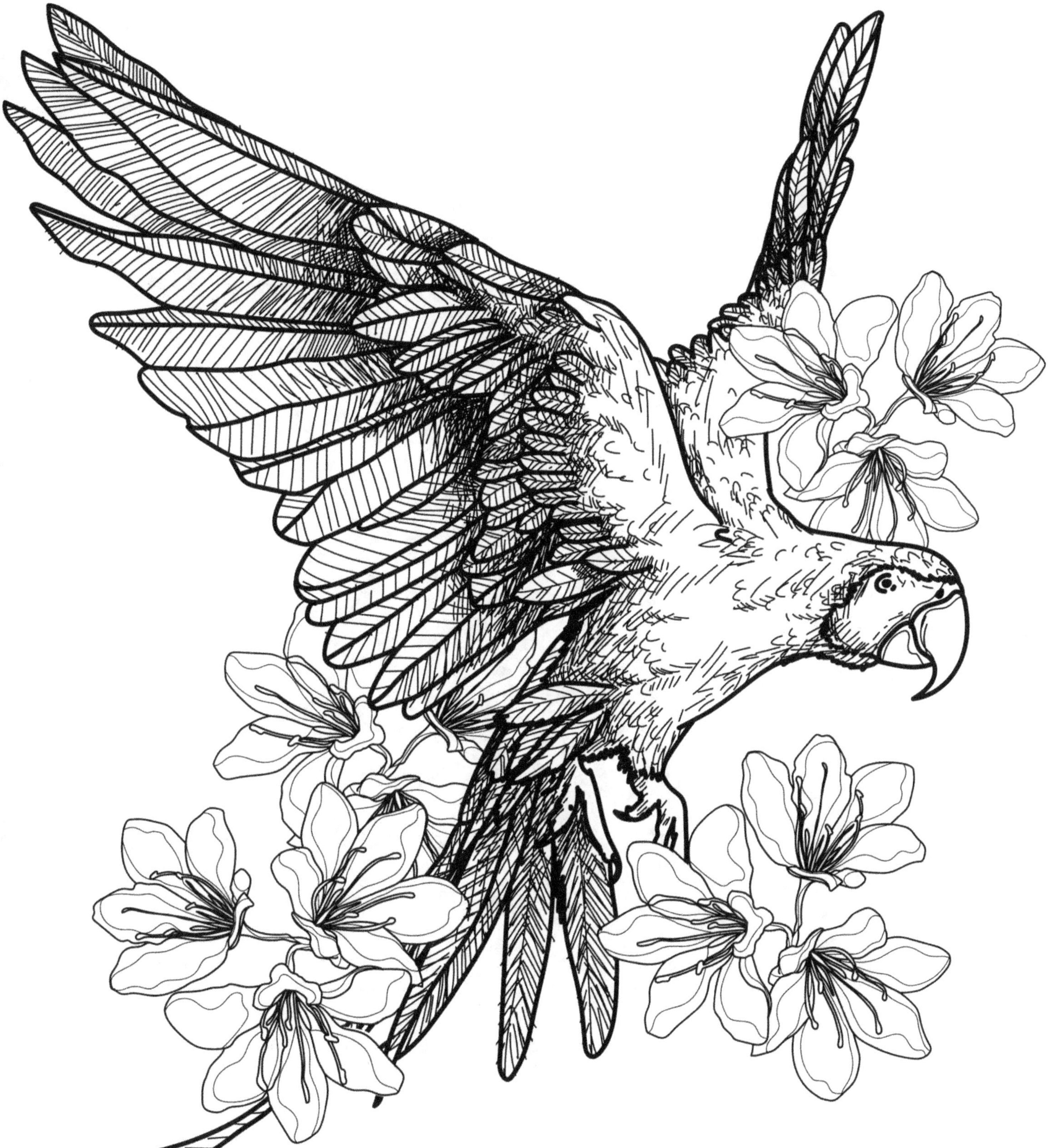

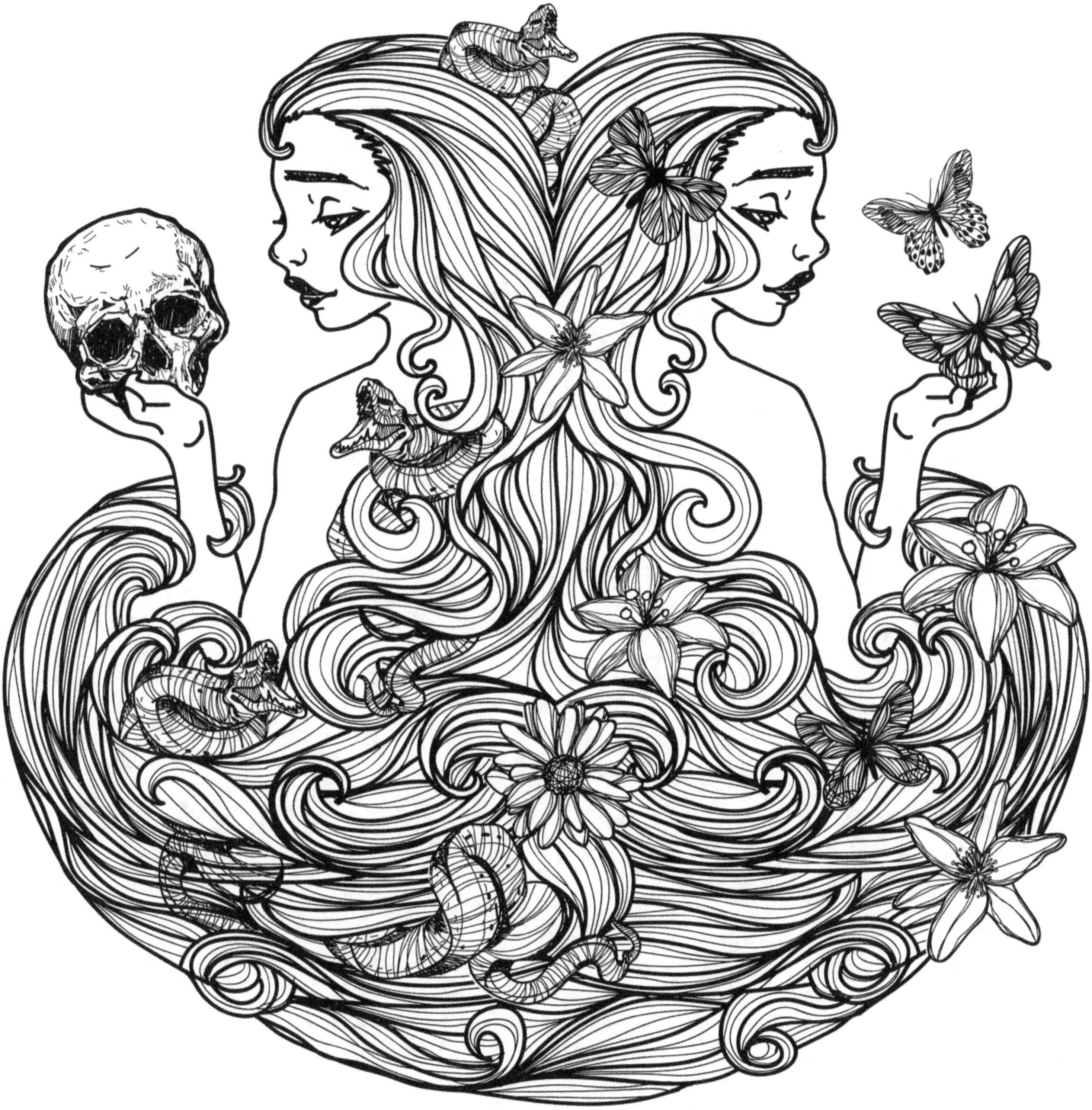

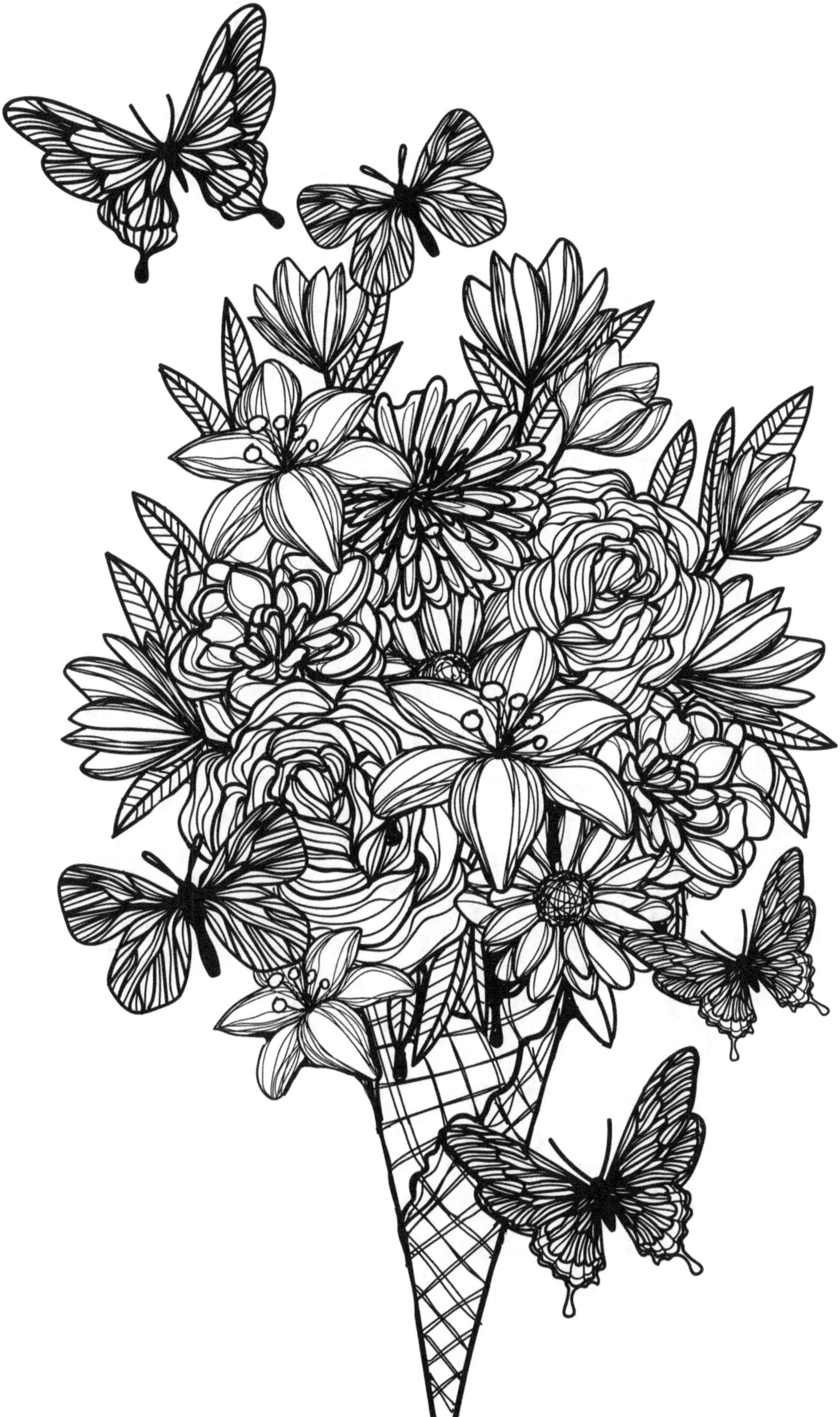

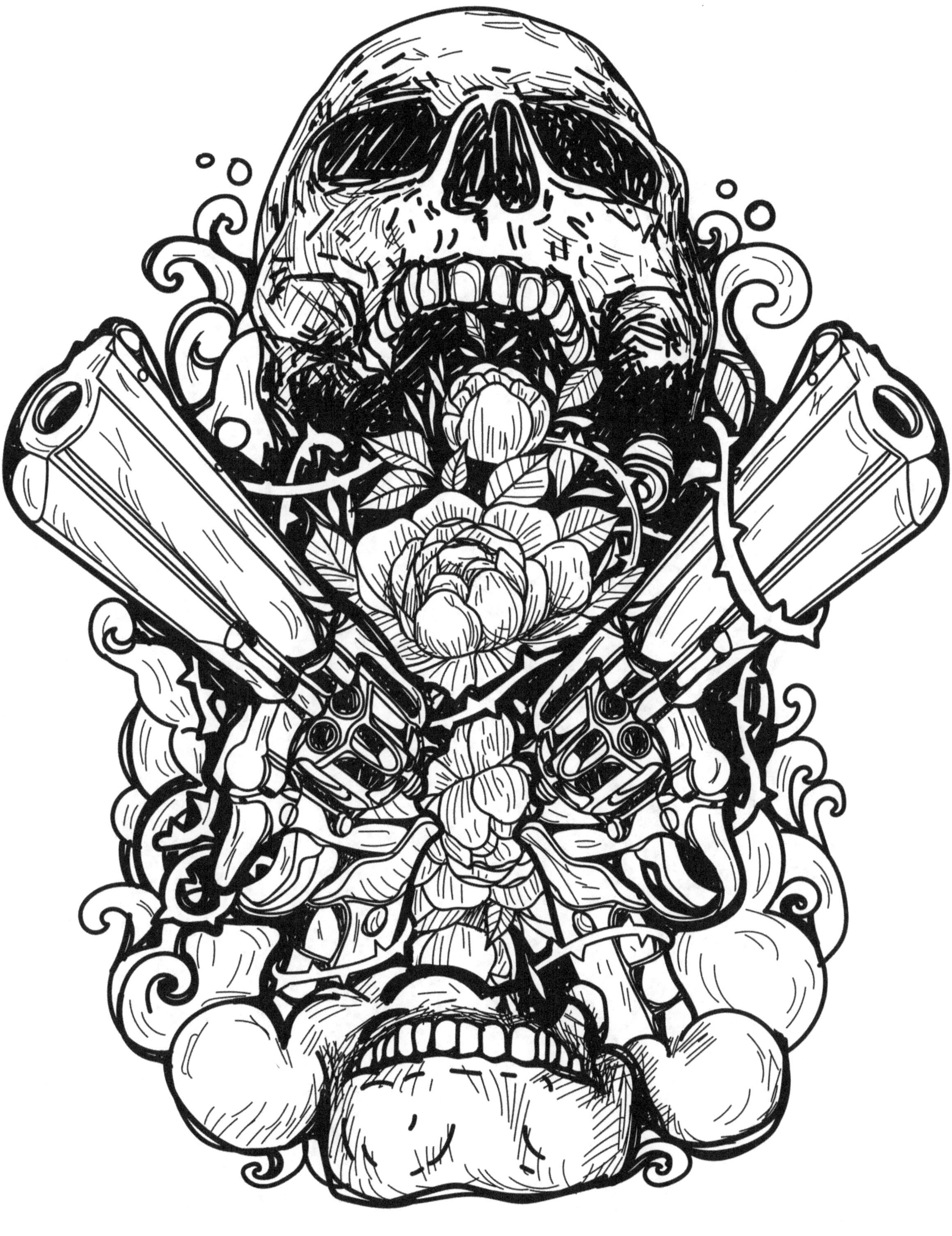

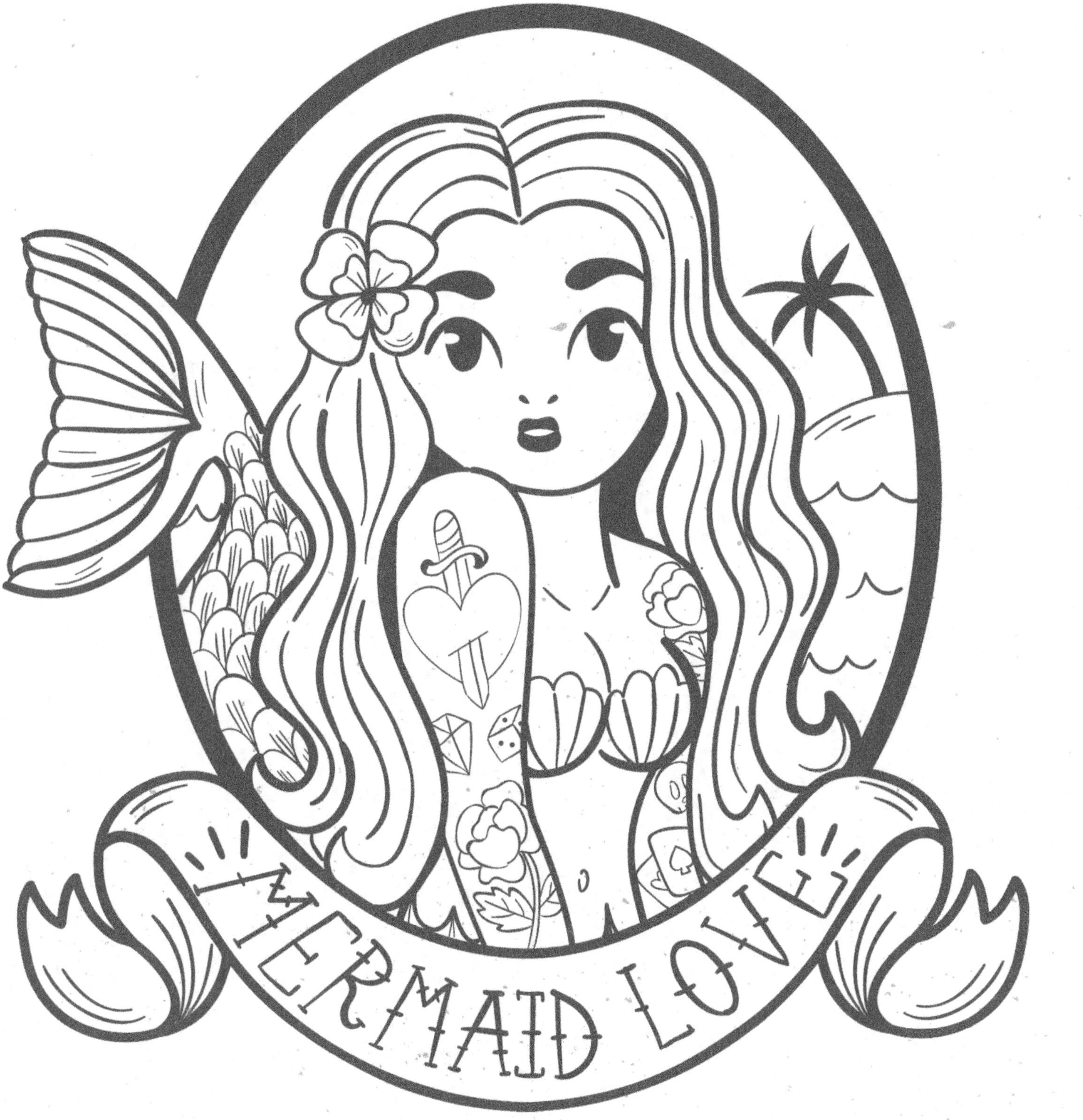
MERMAID LOVE

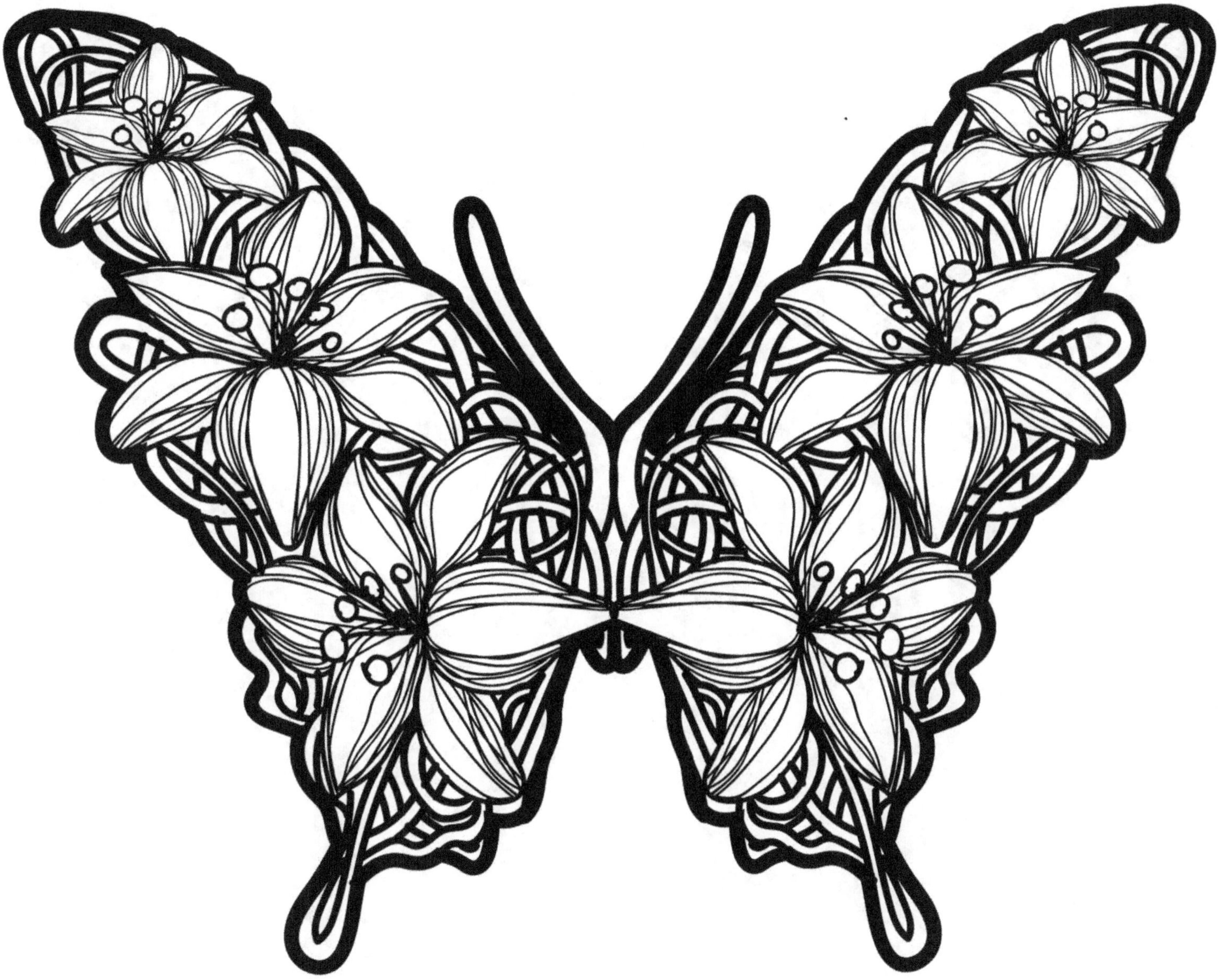

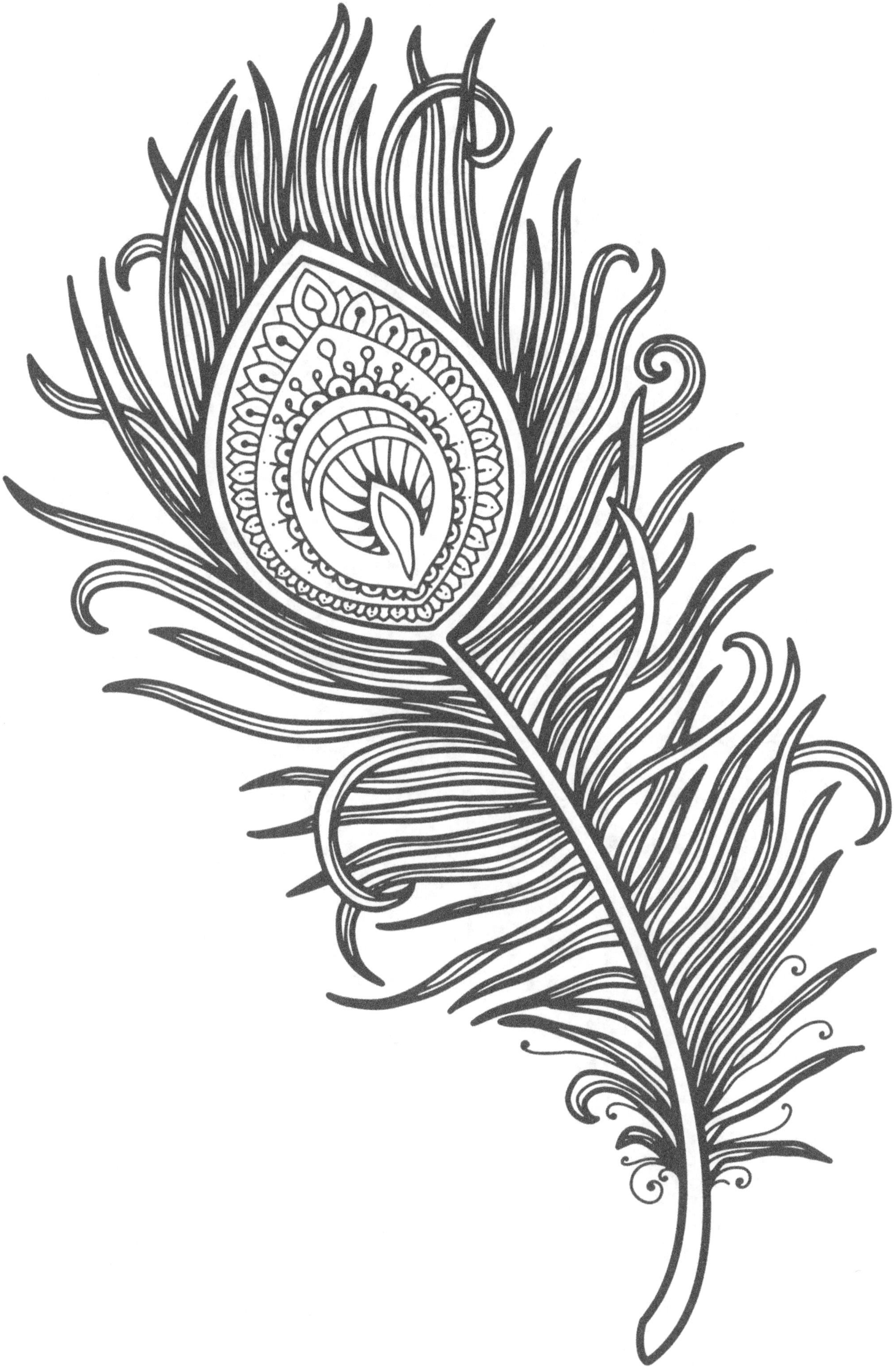

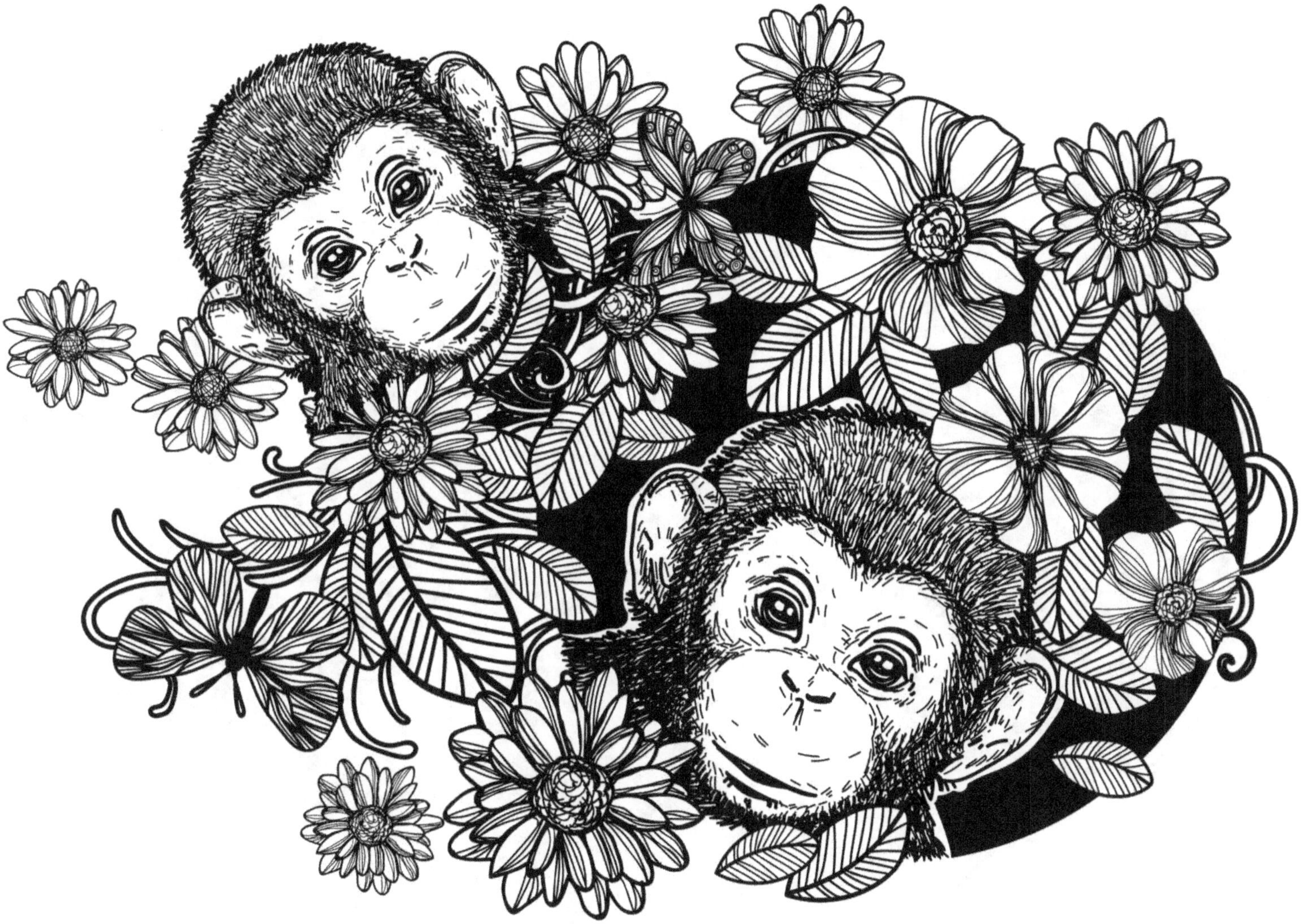

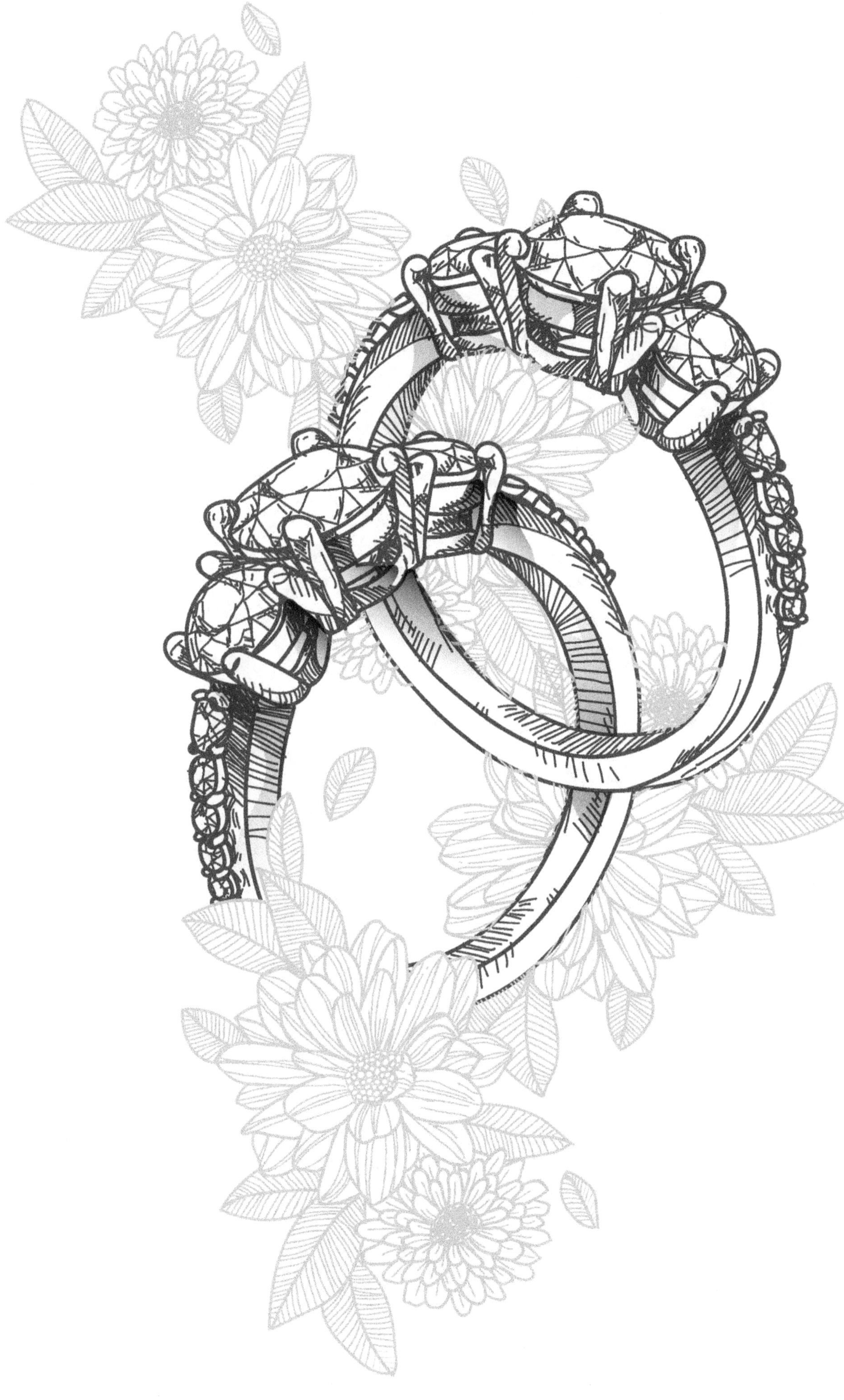

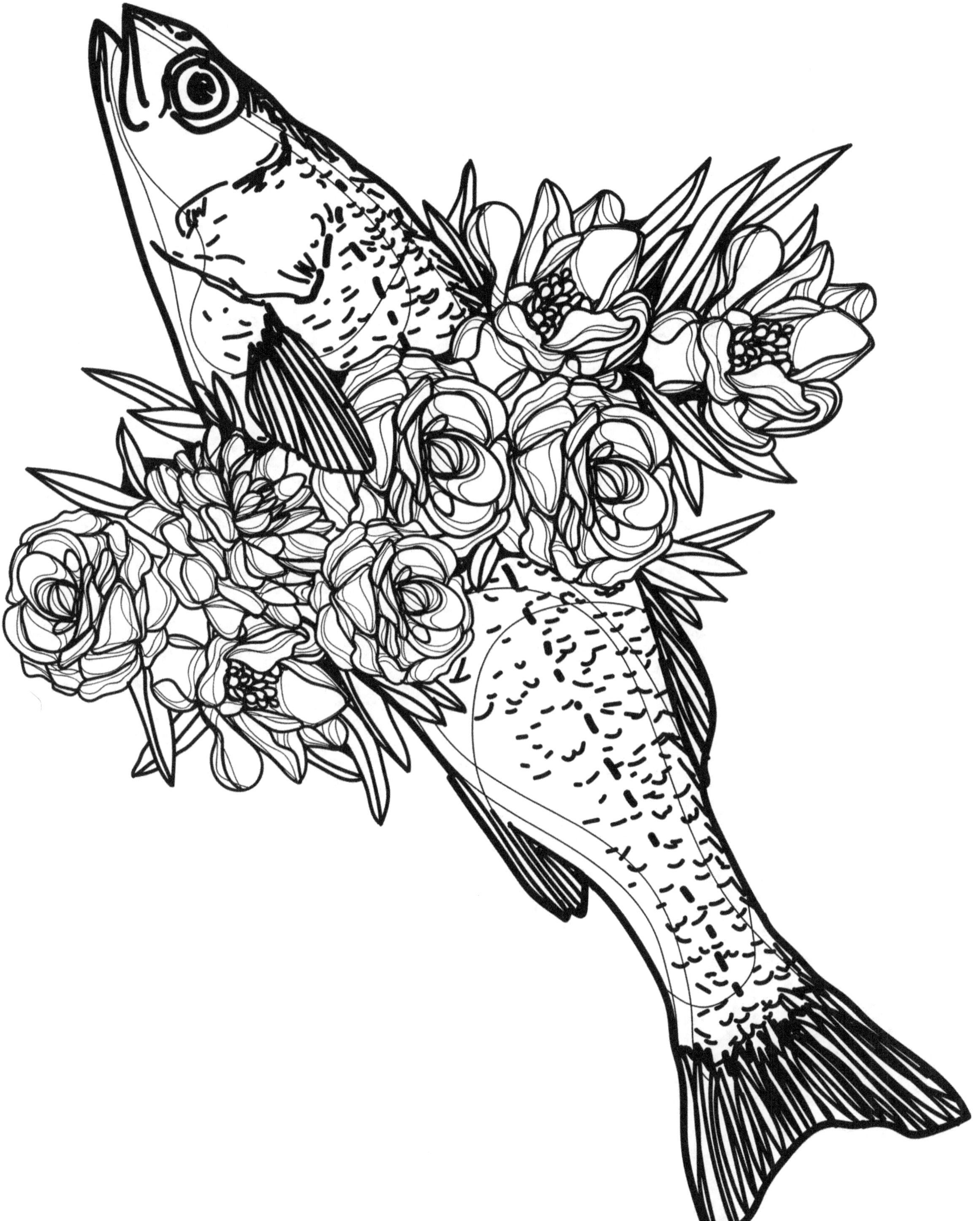

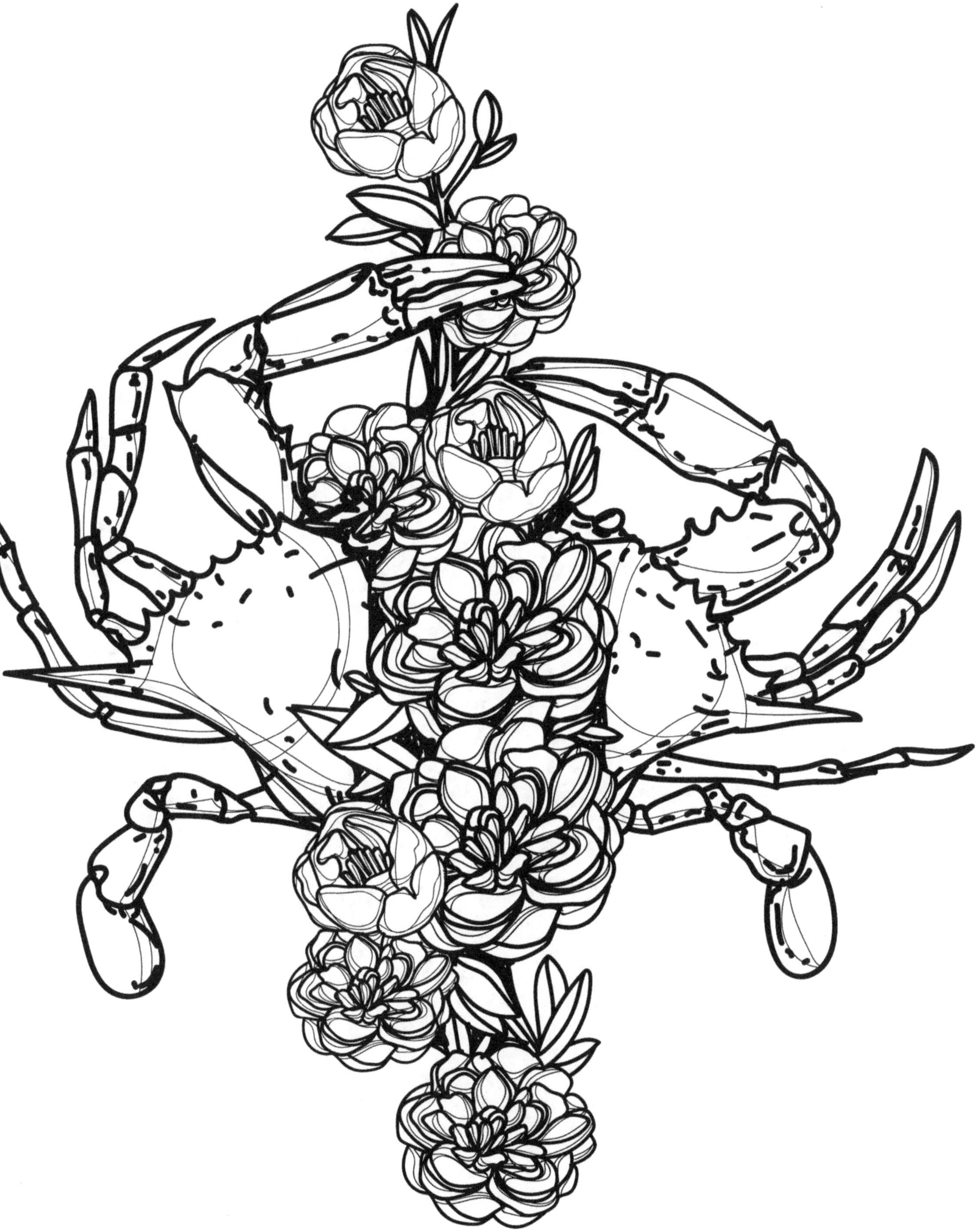

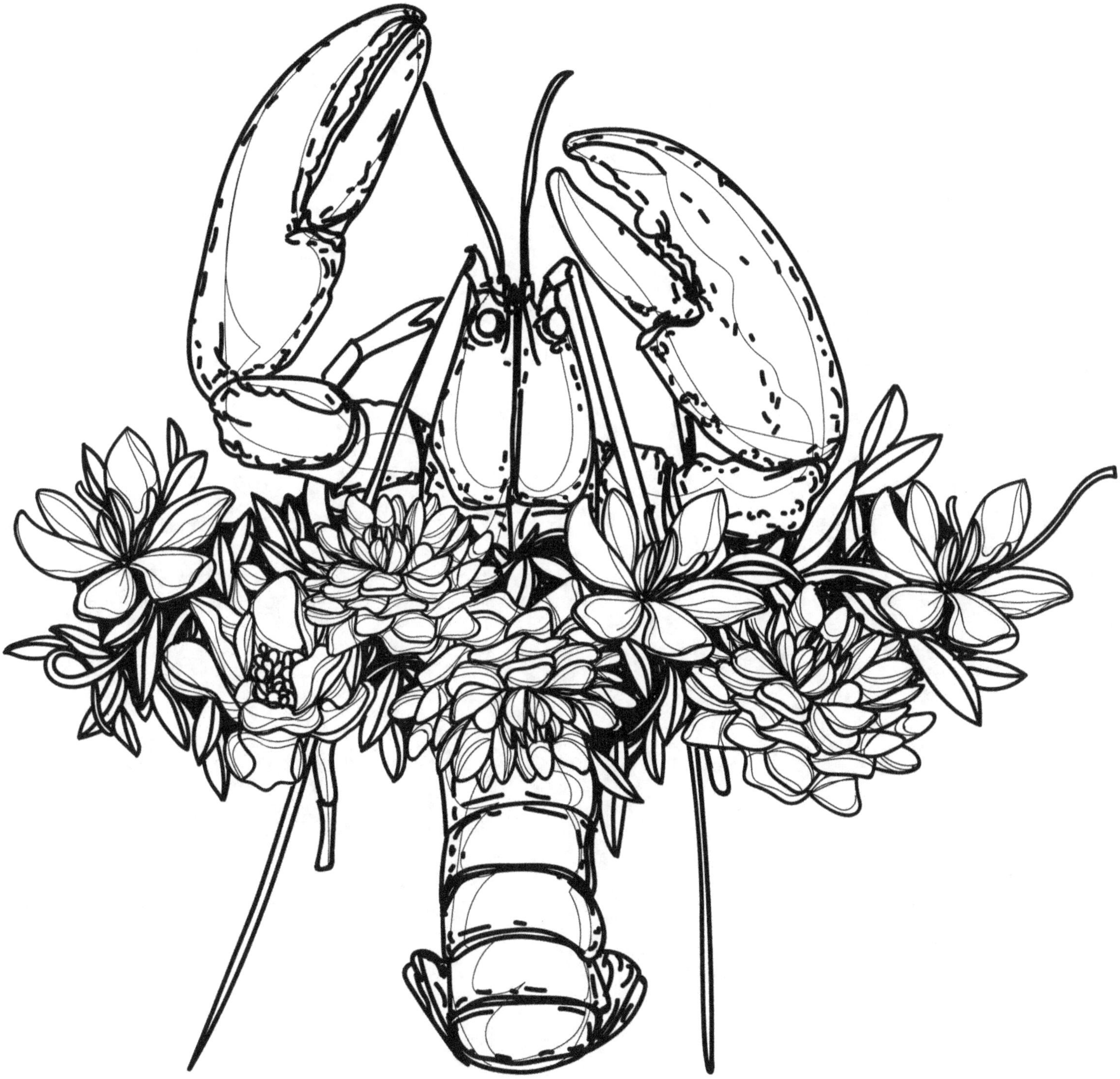

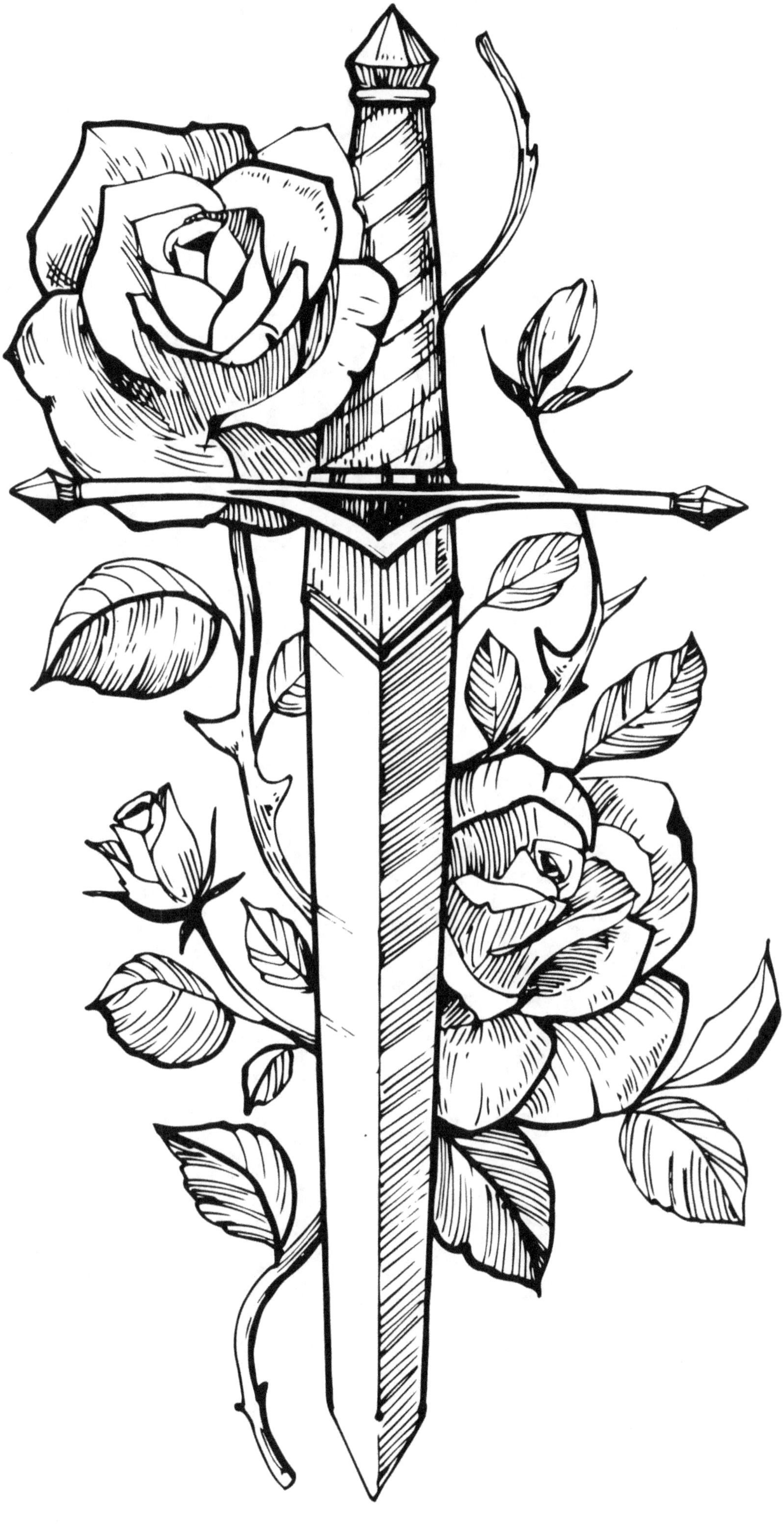

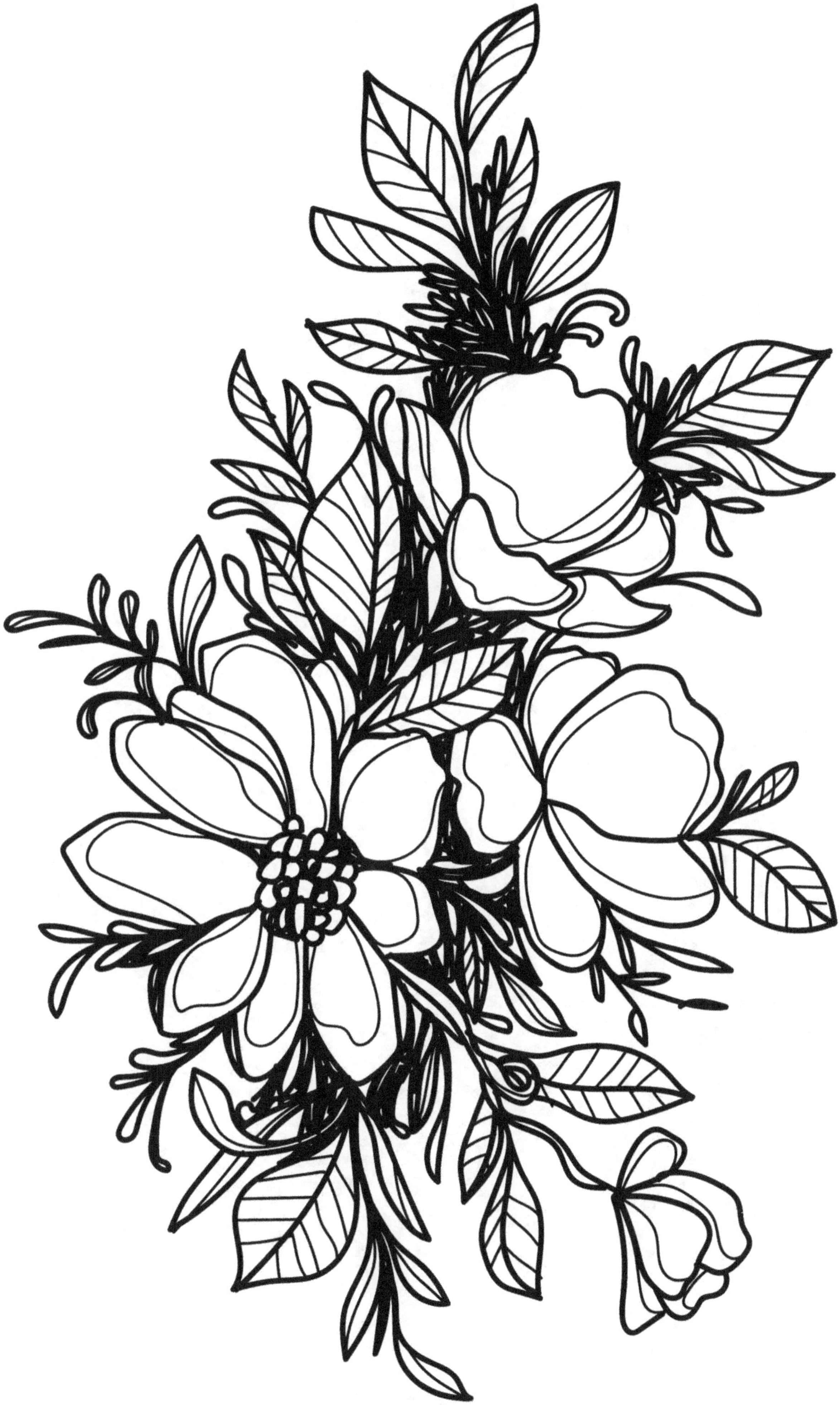

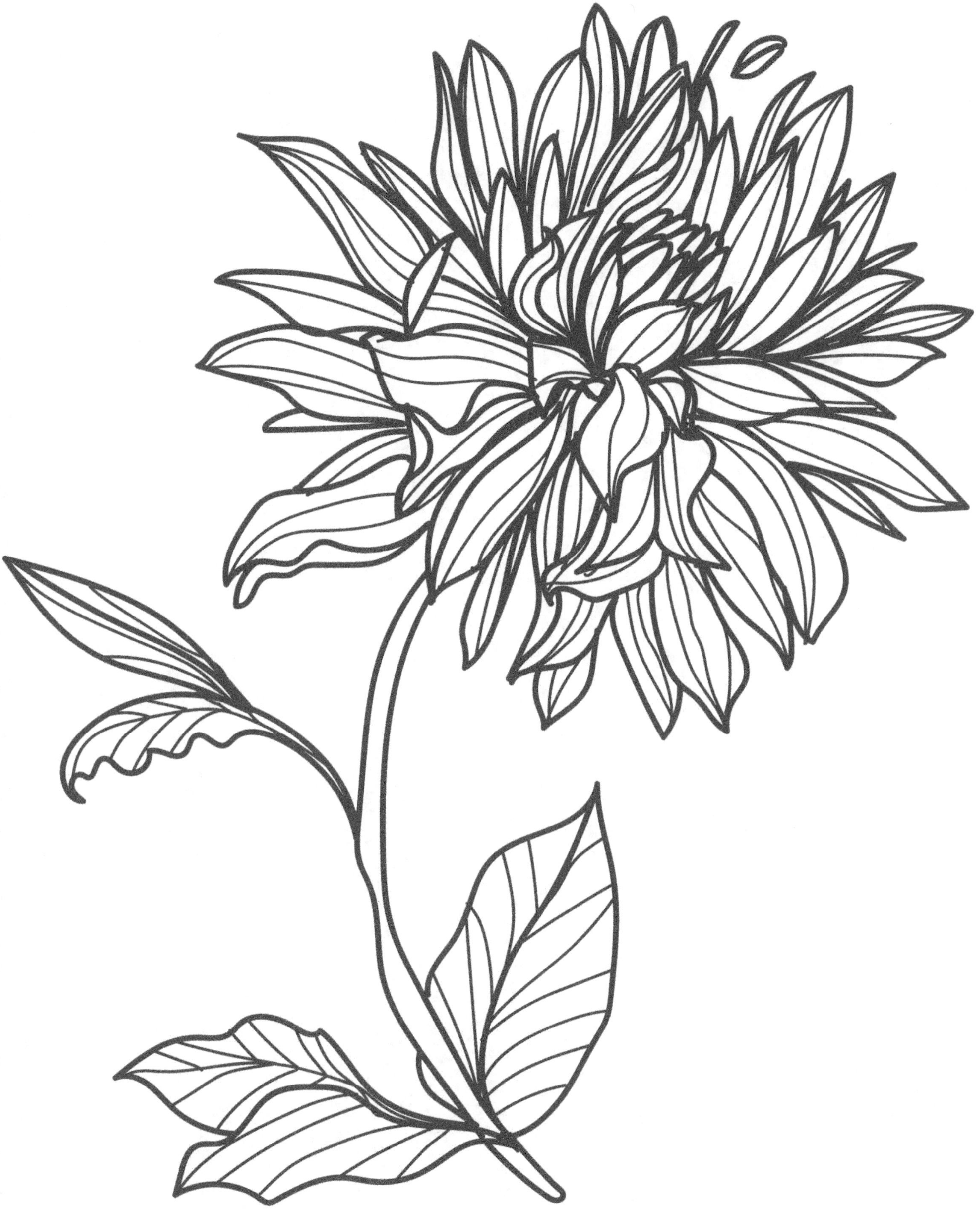

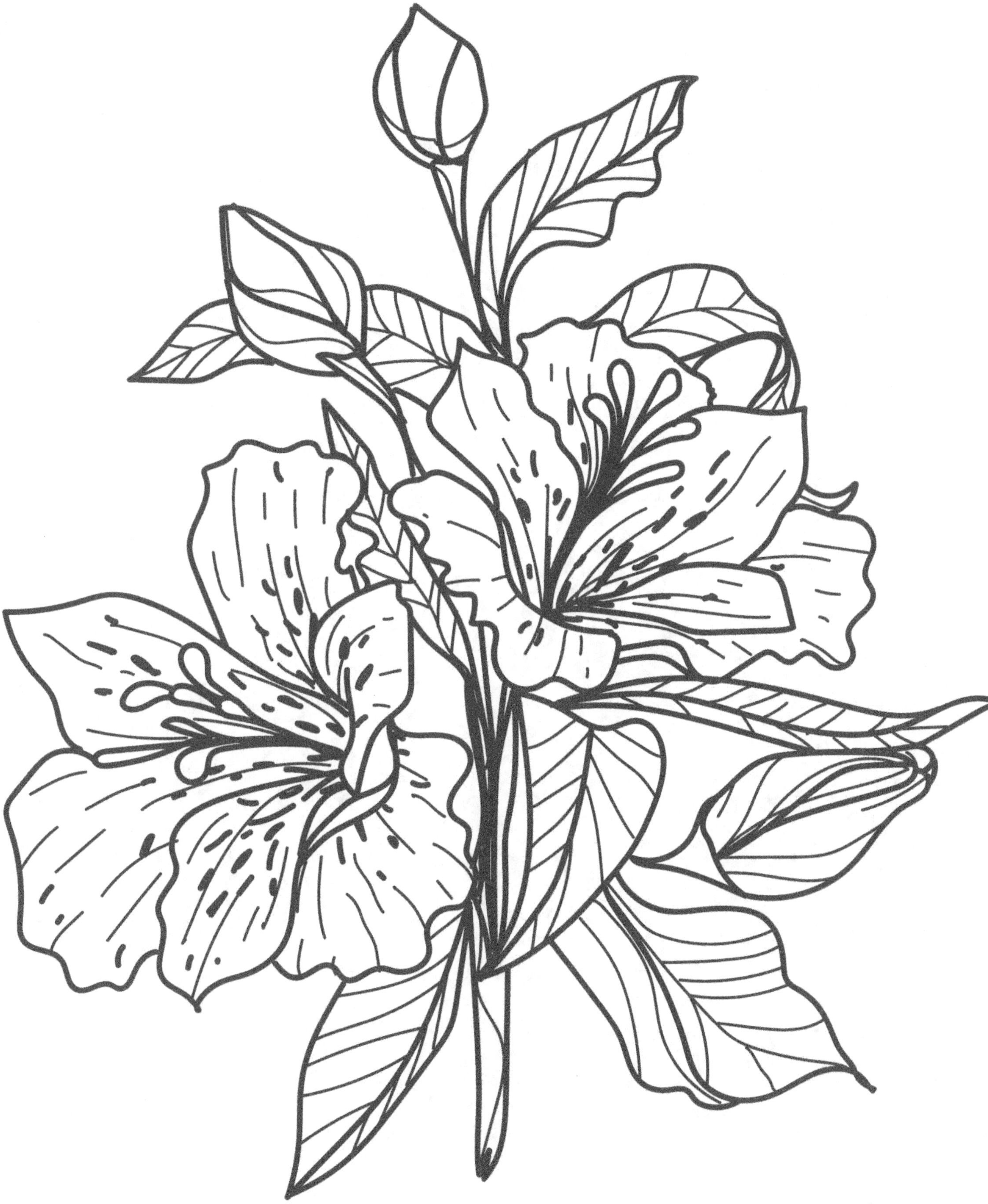

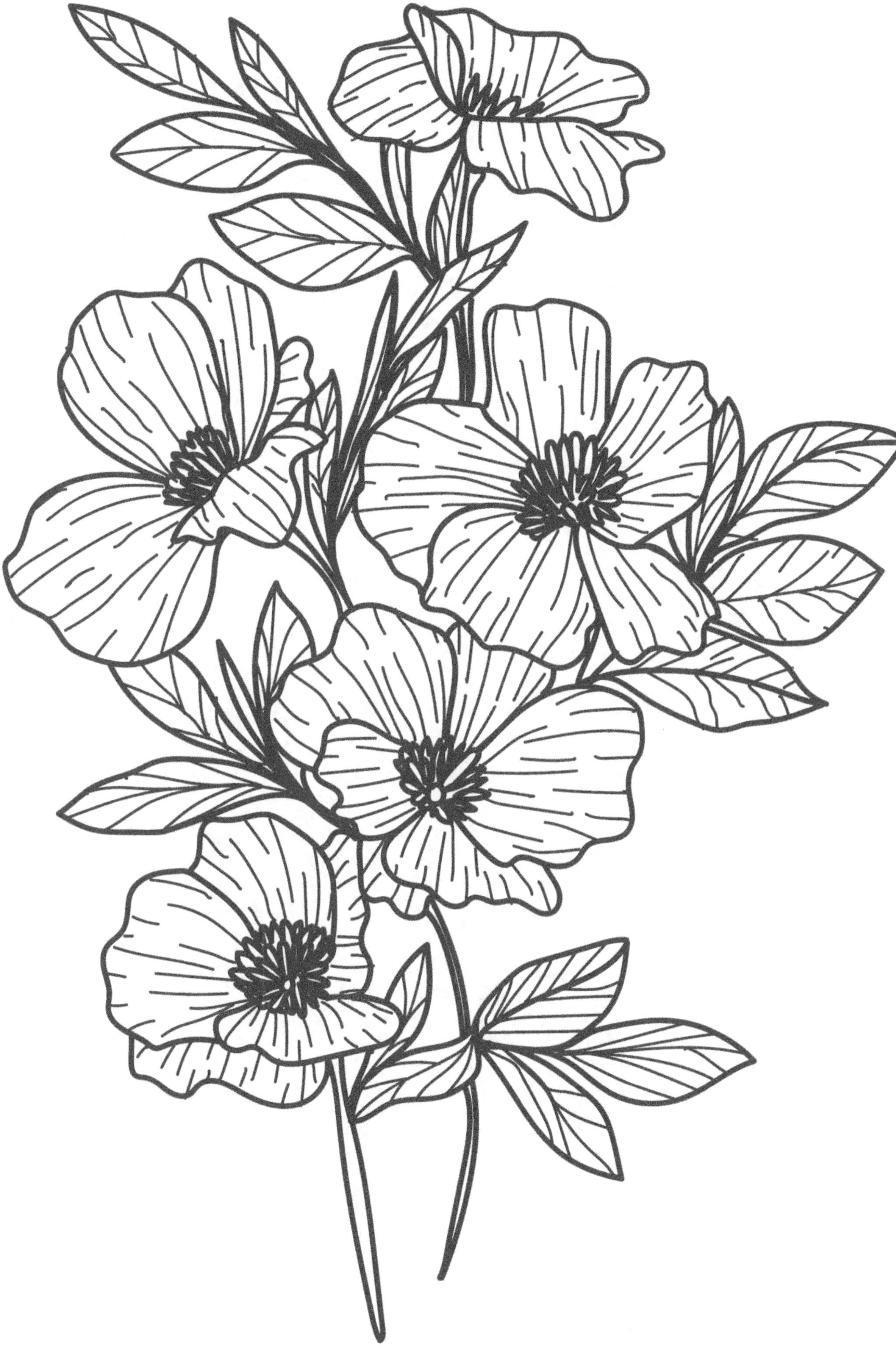

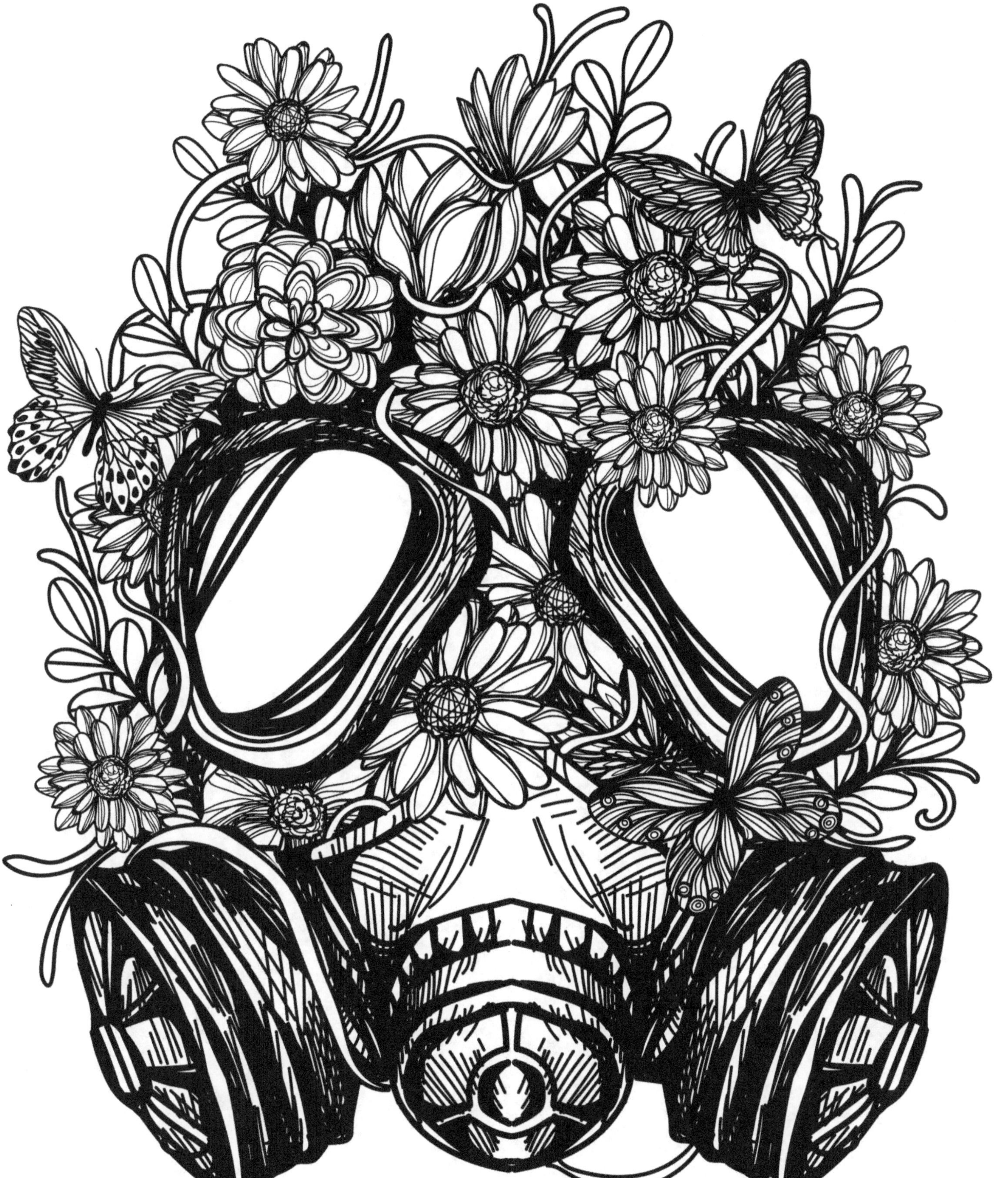

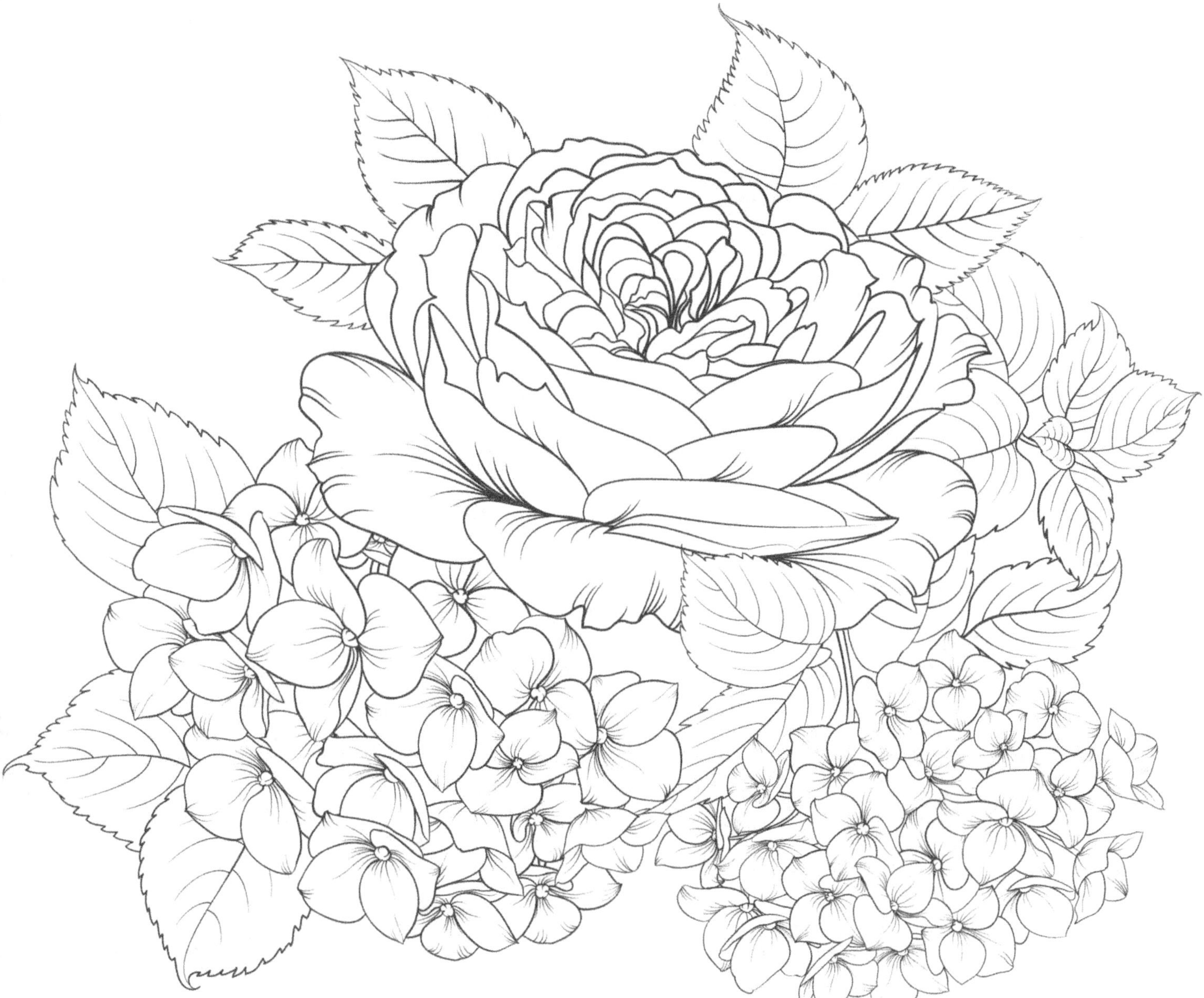

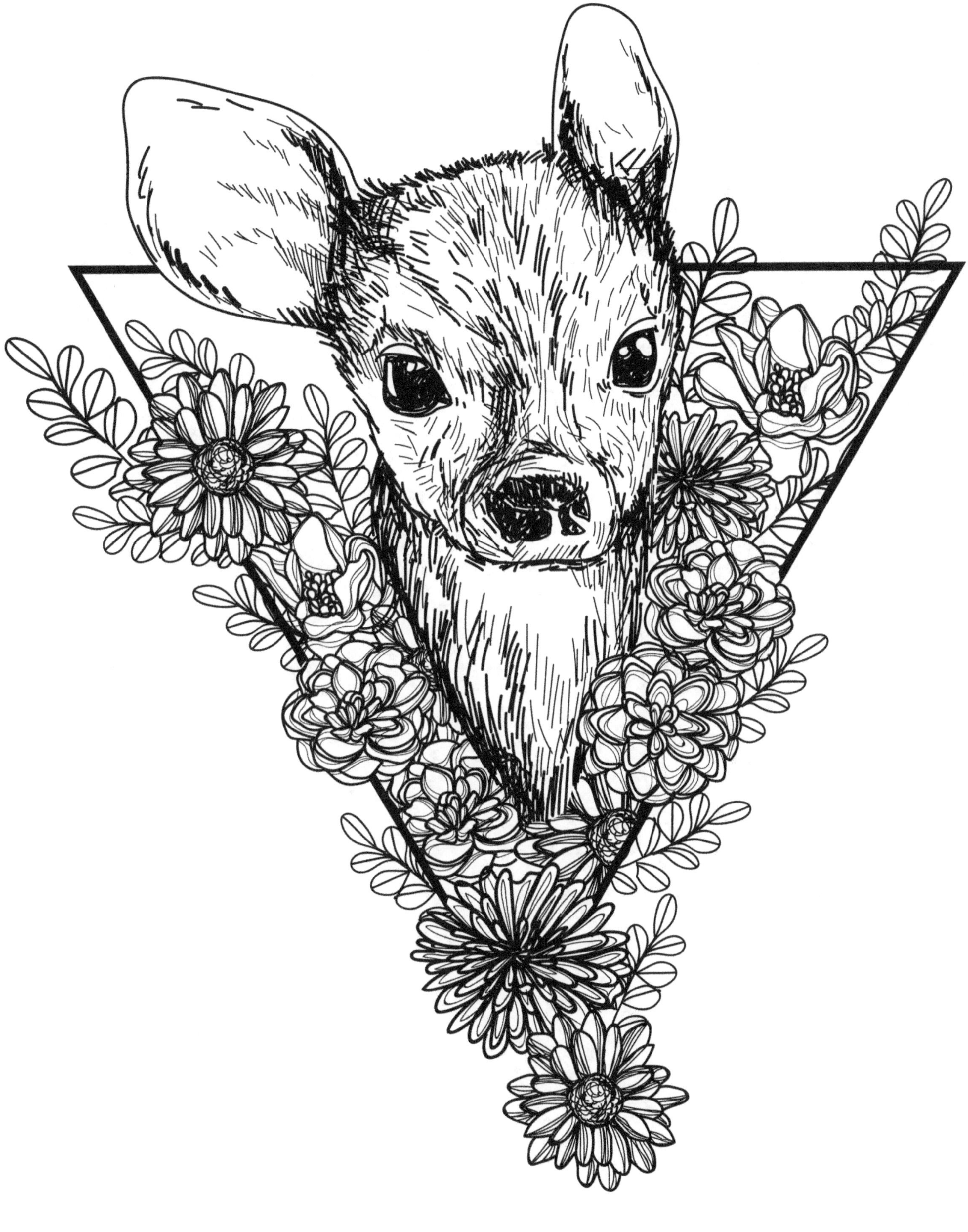

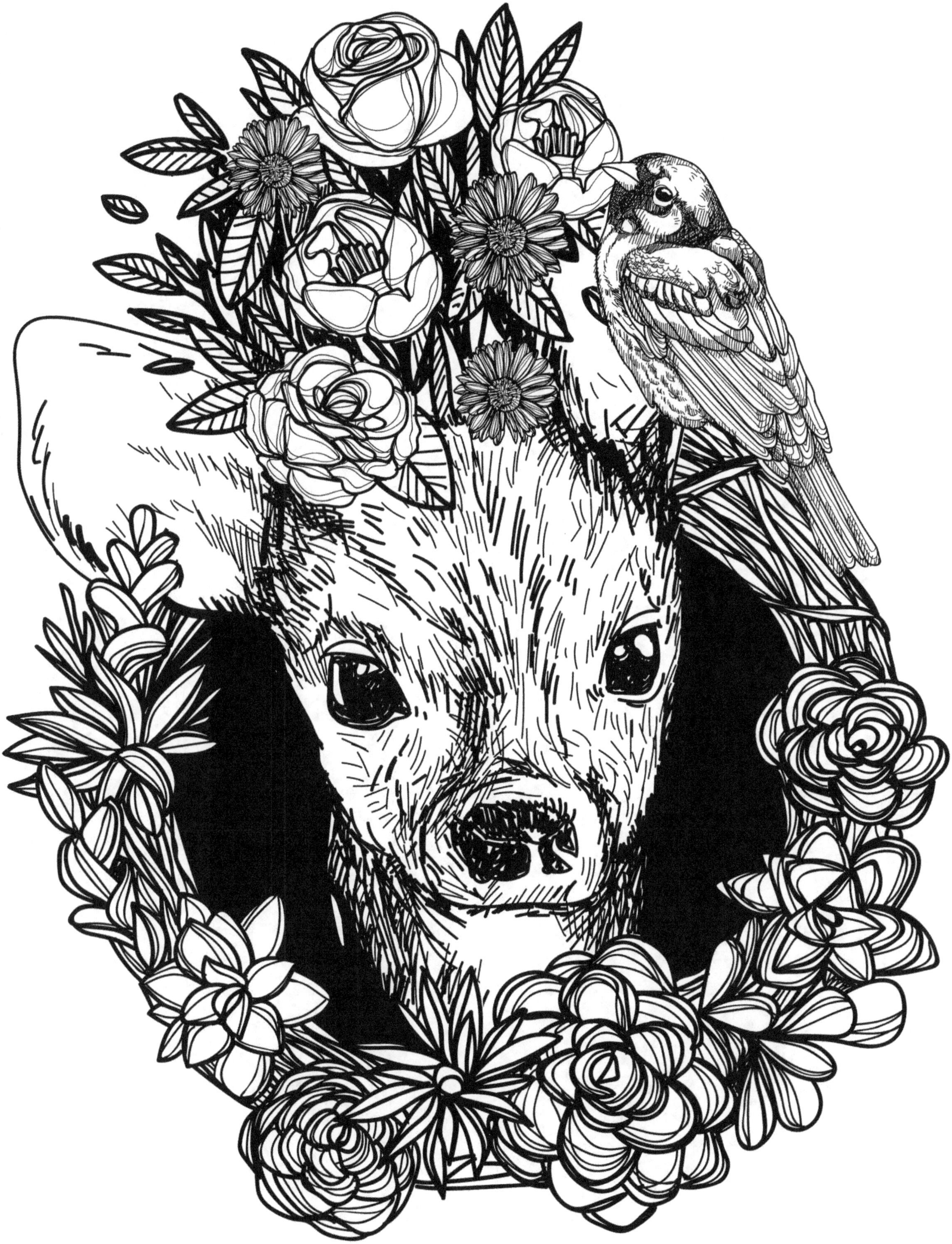

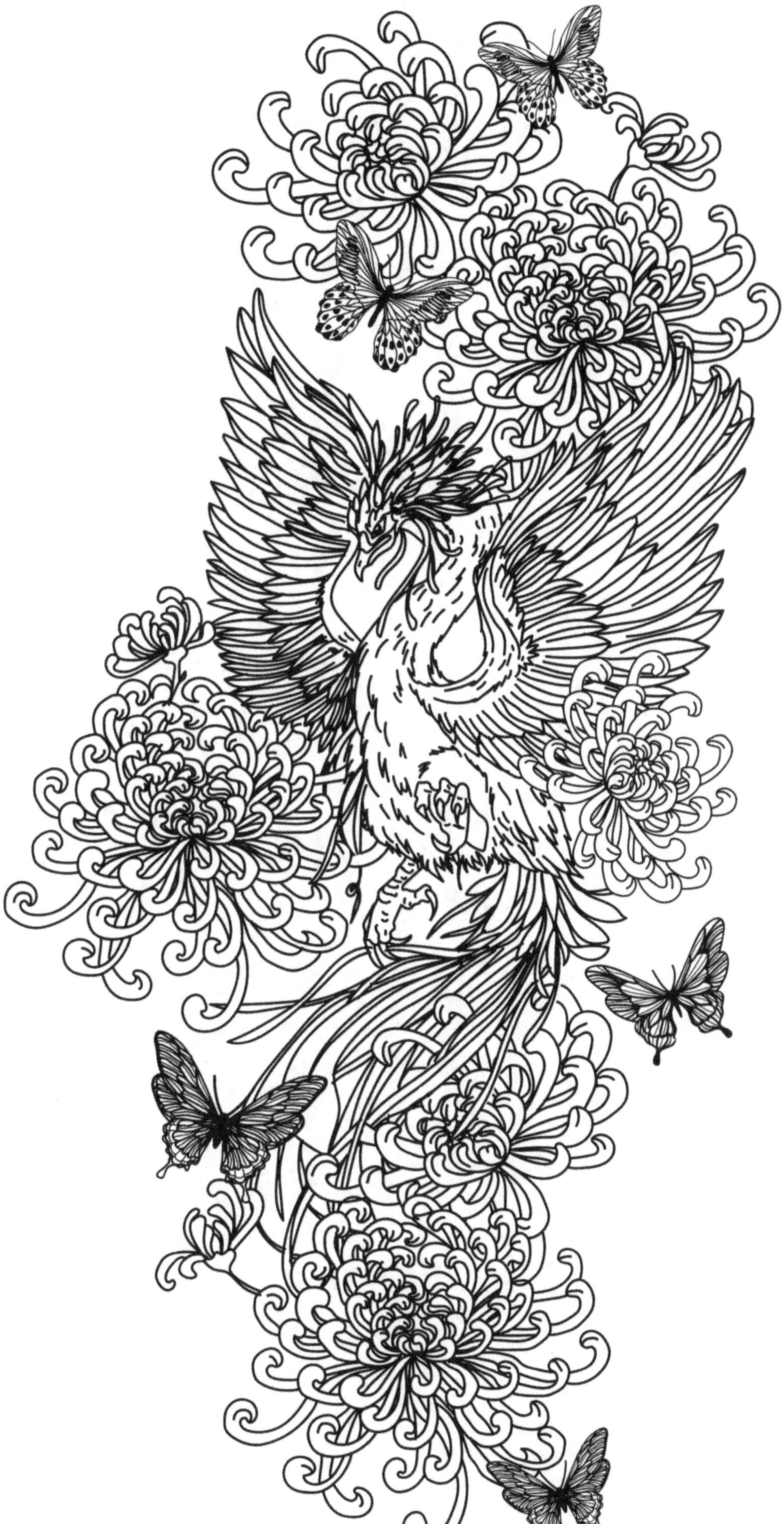

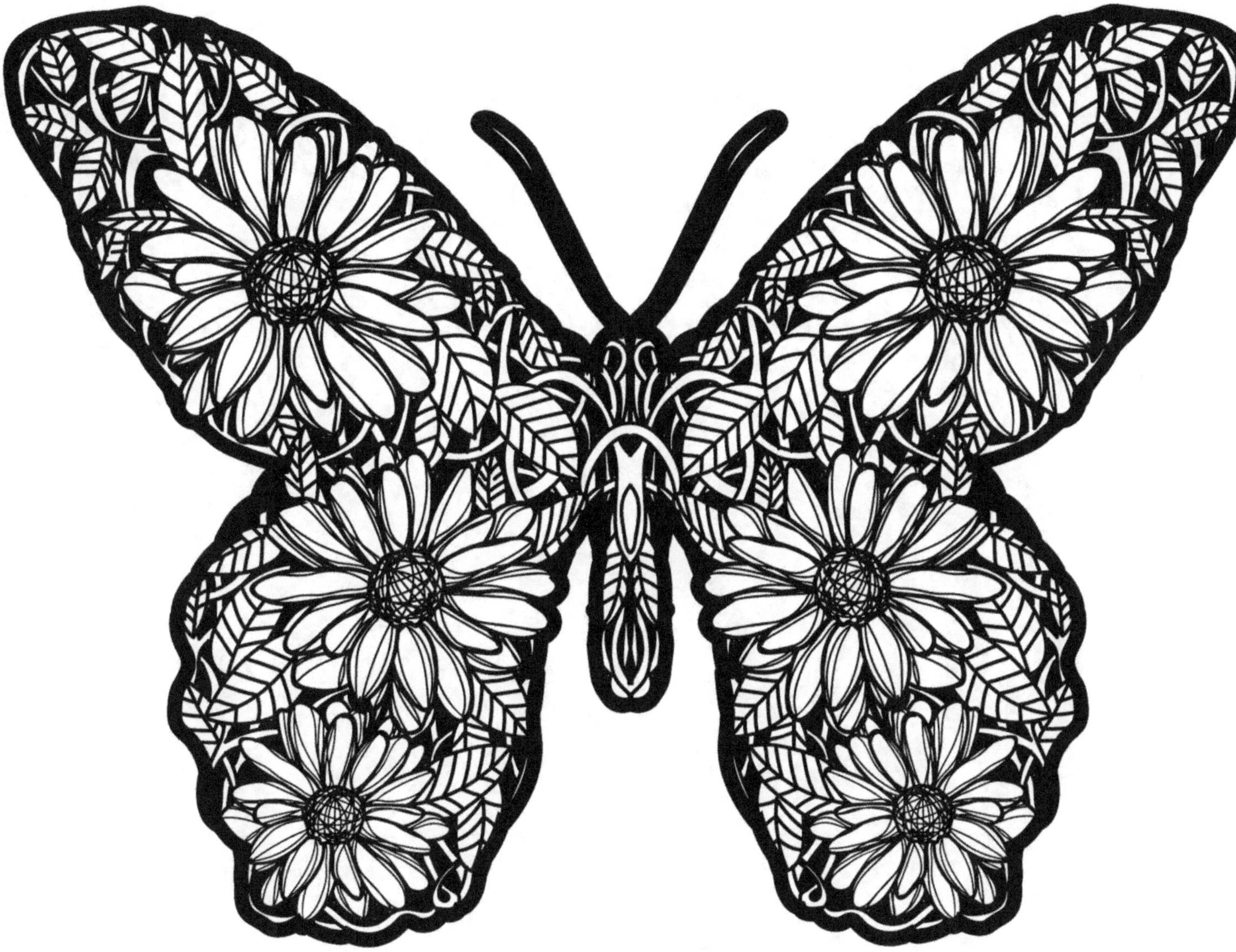

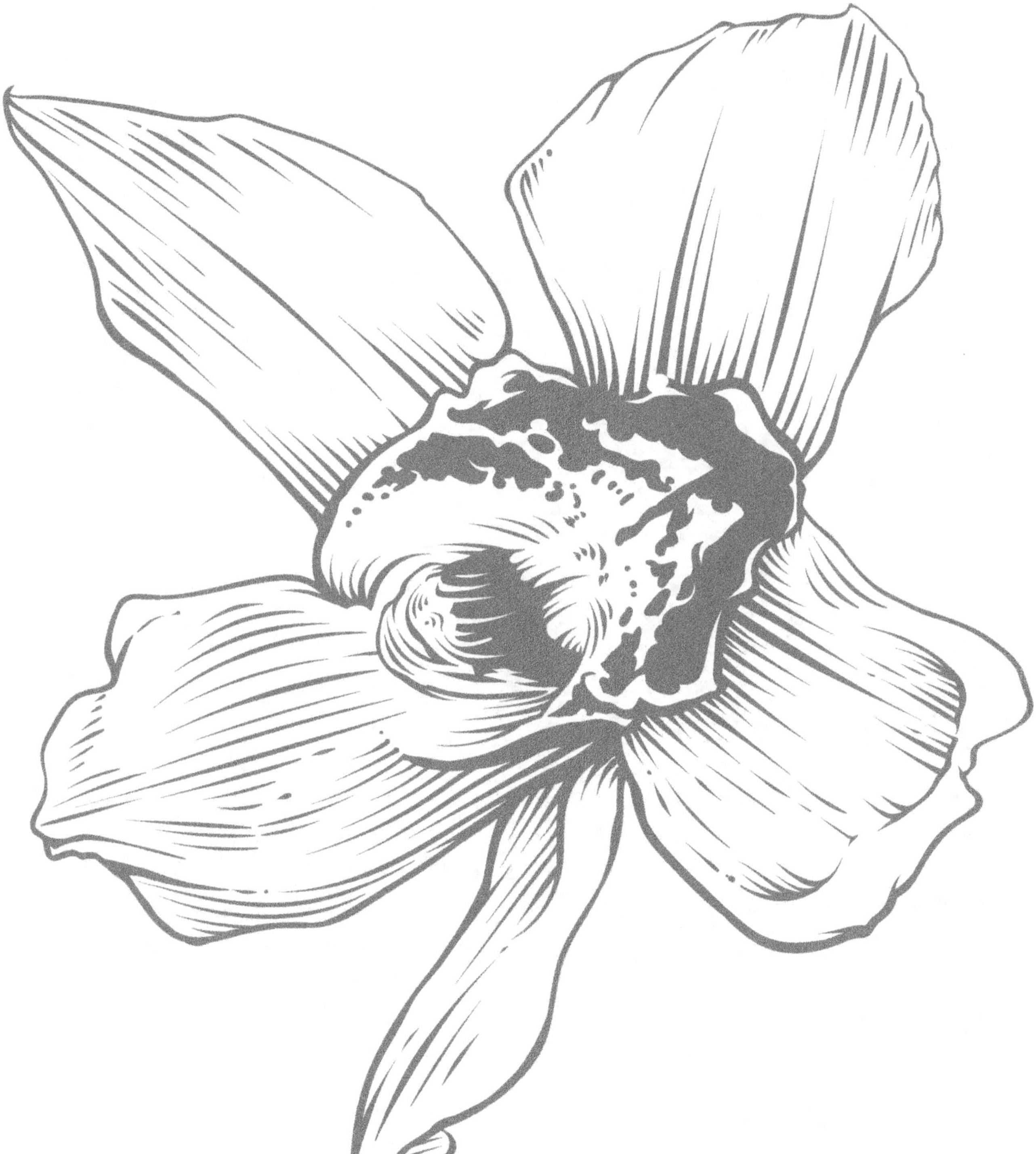

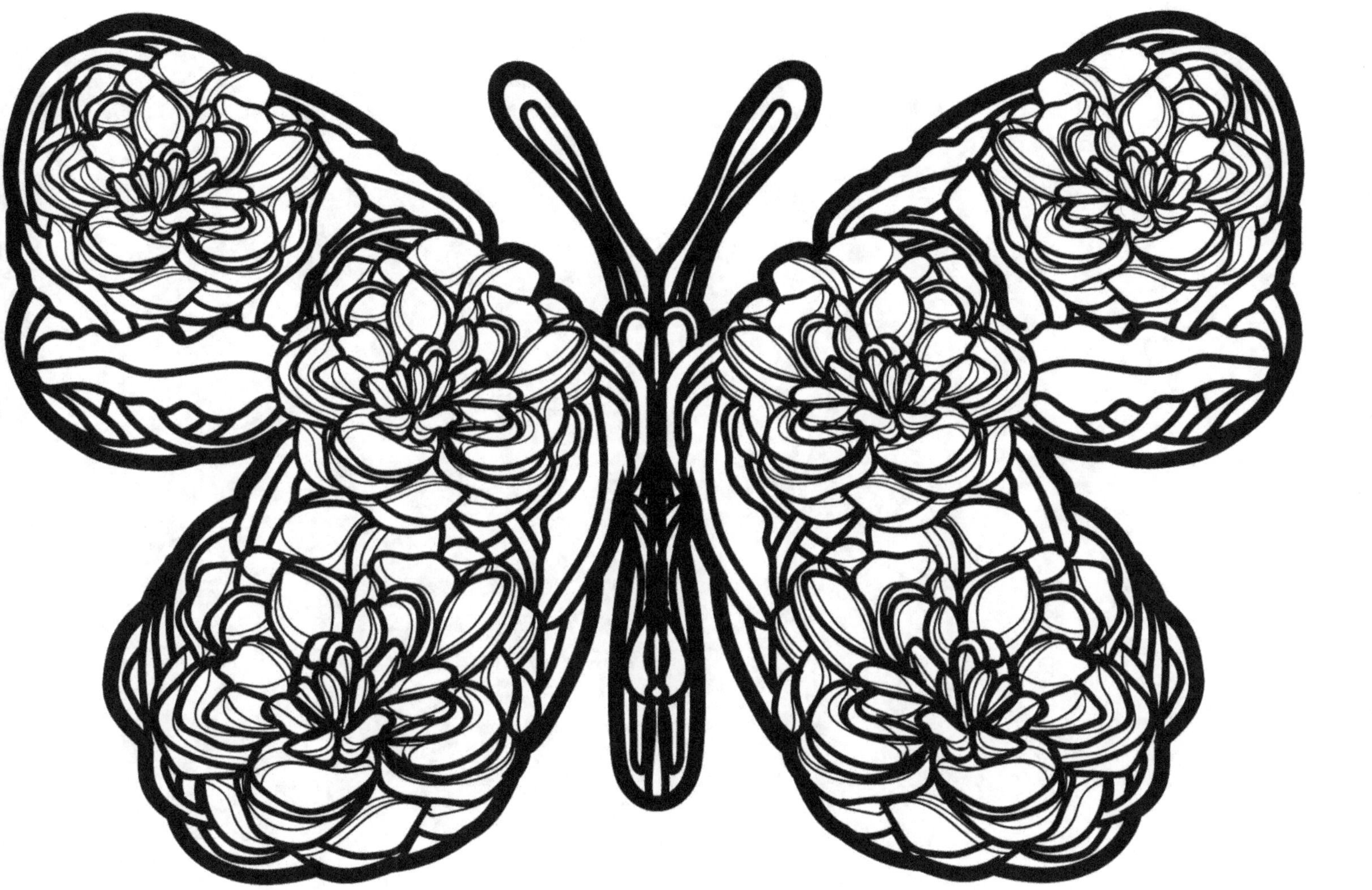

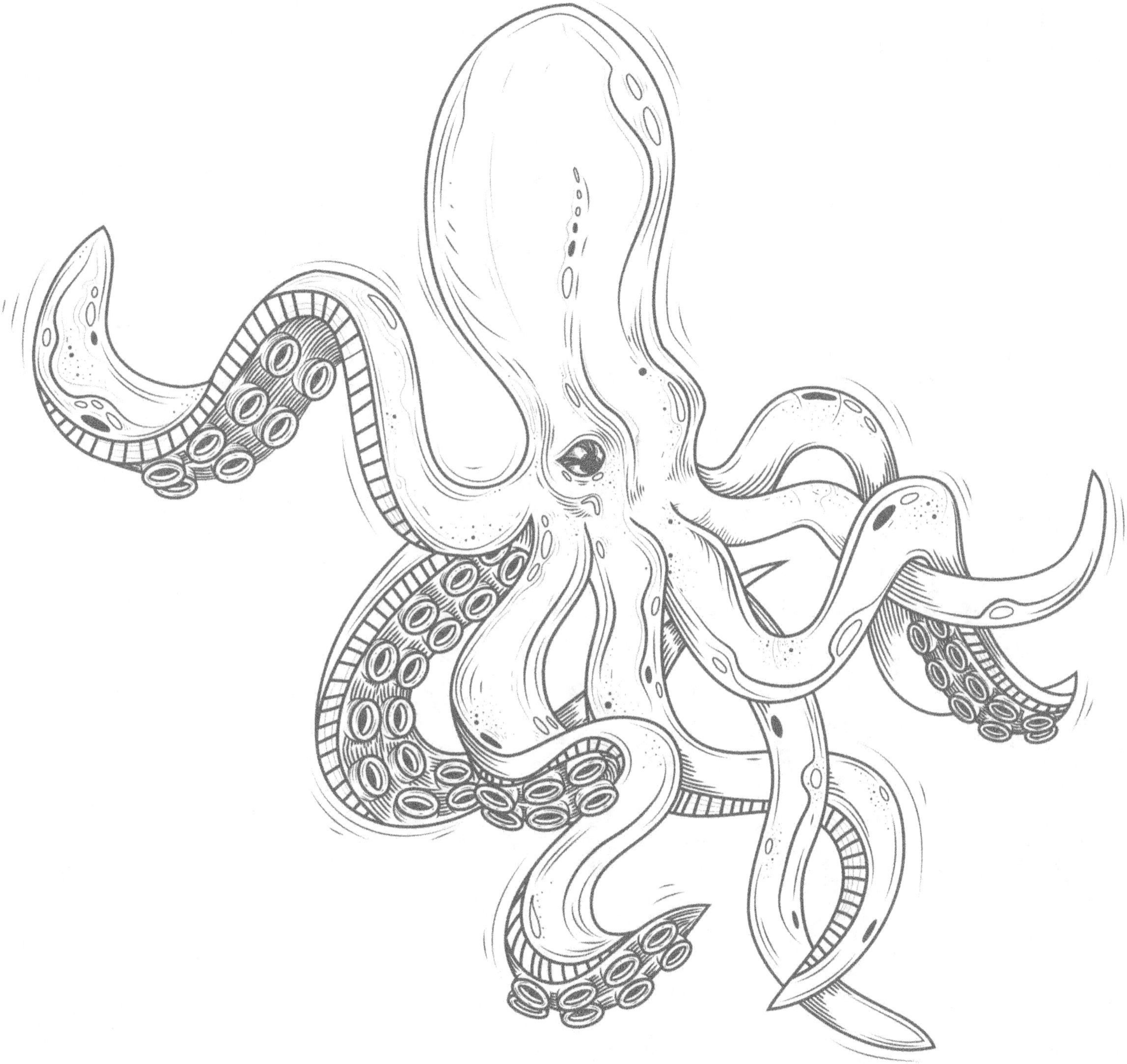

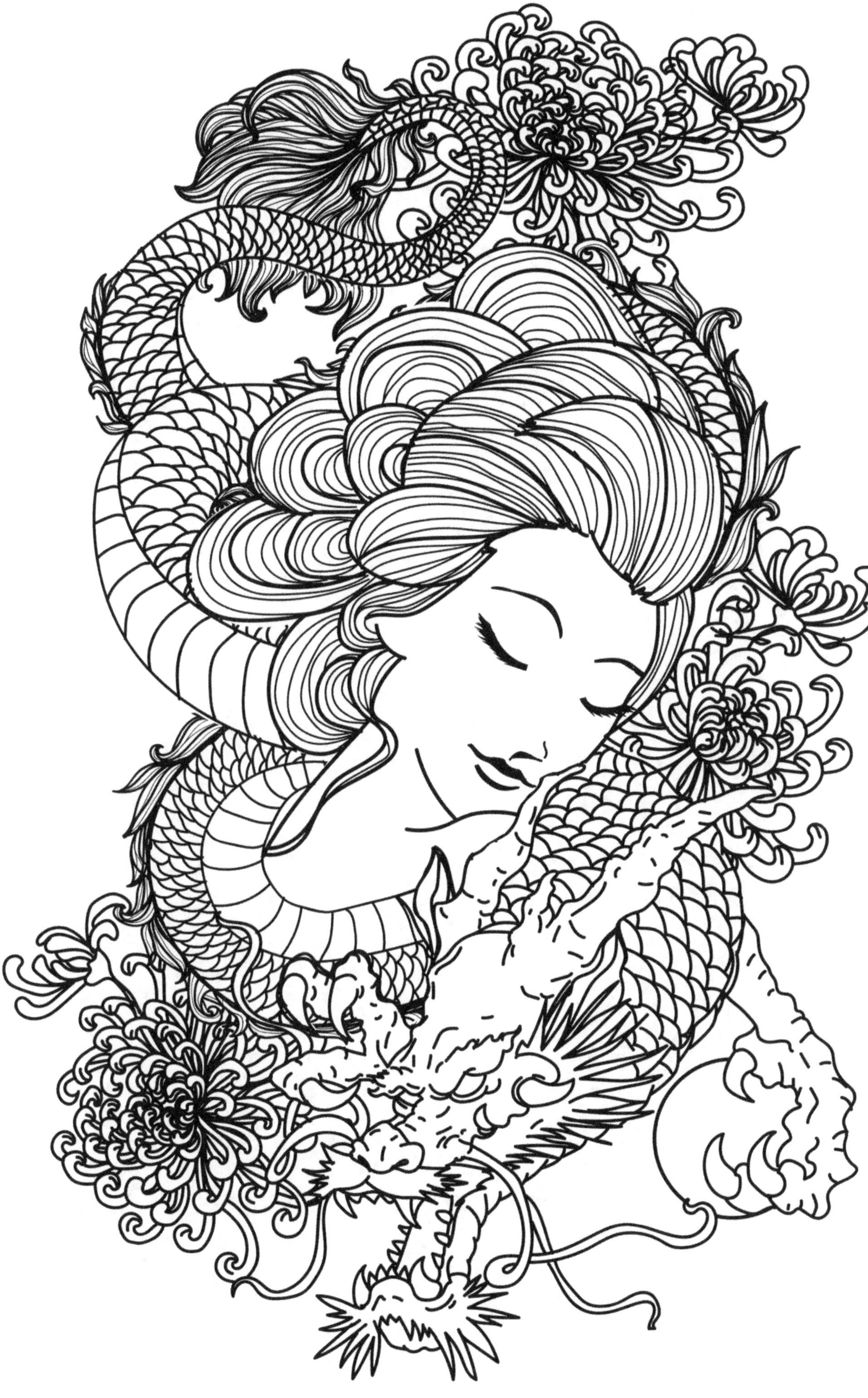

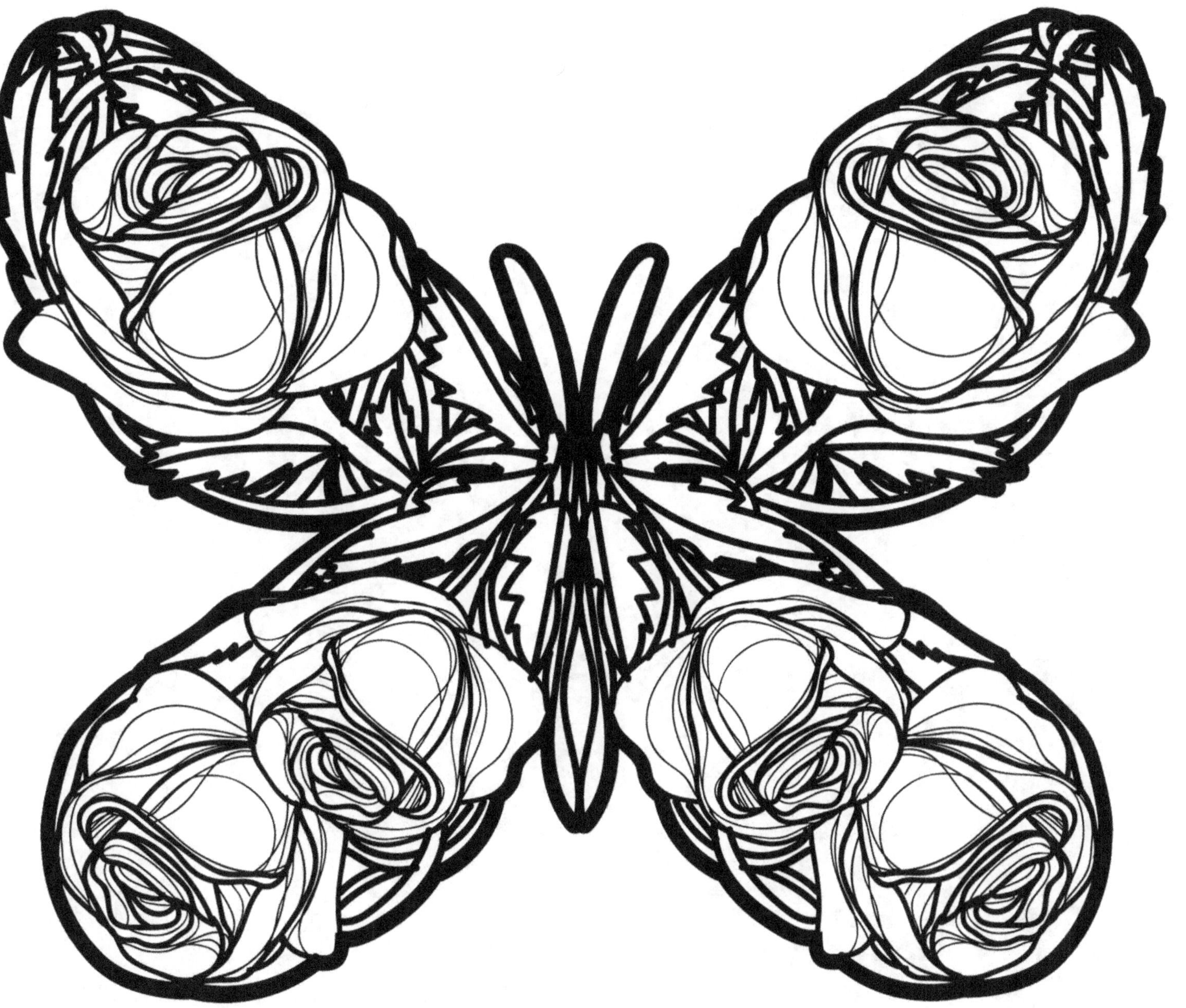

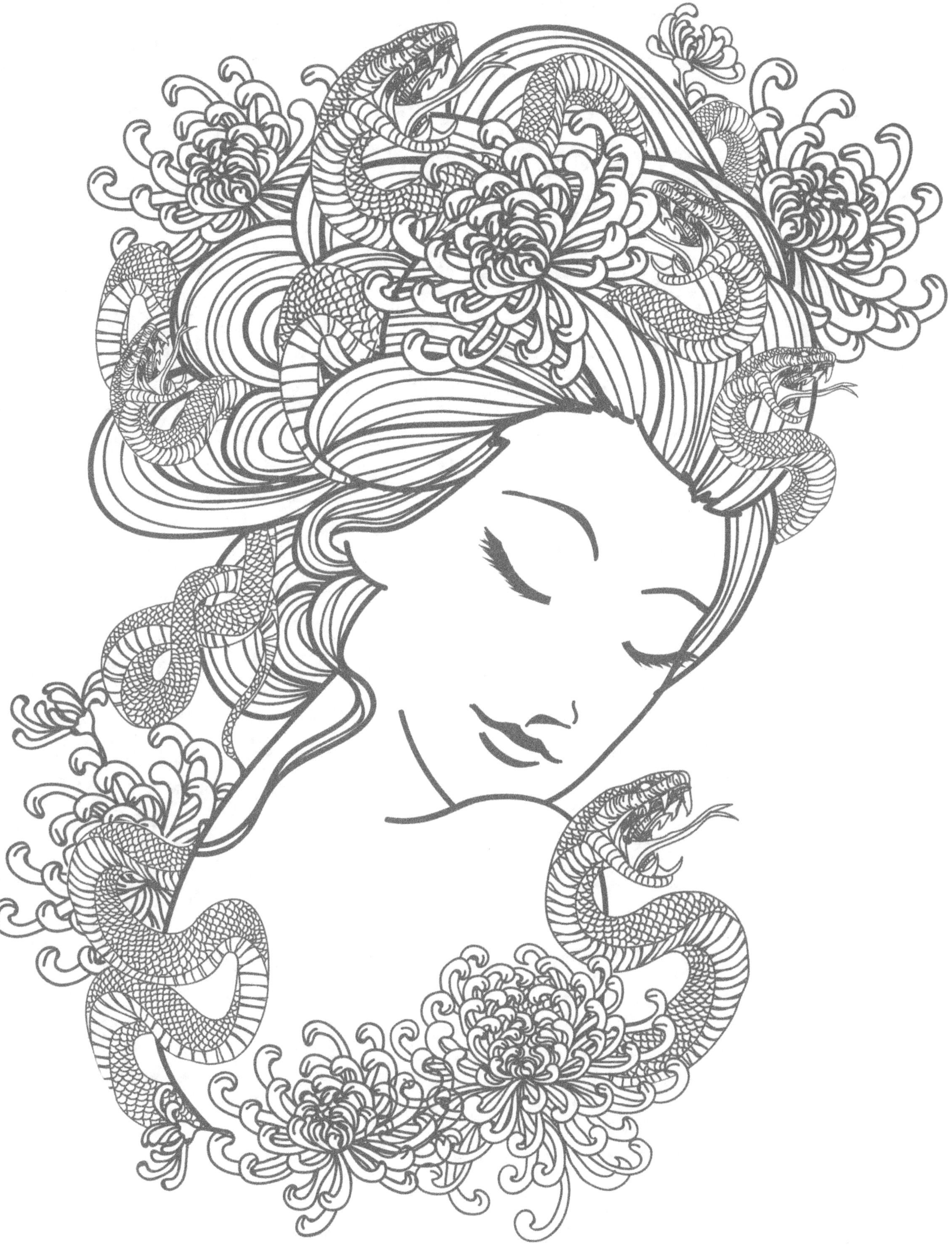

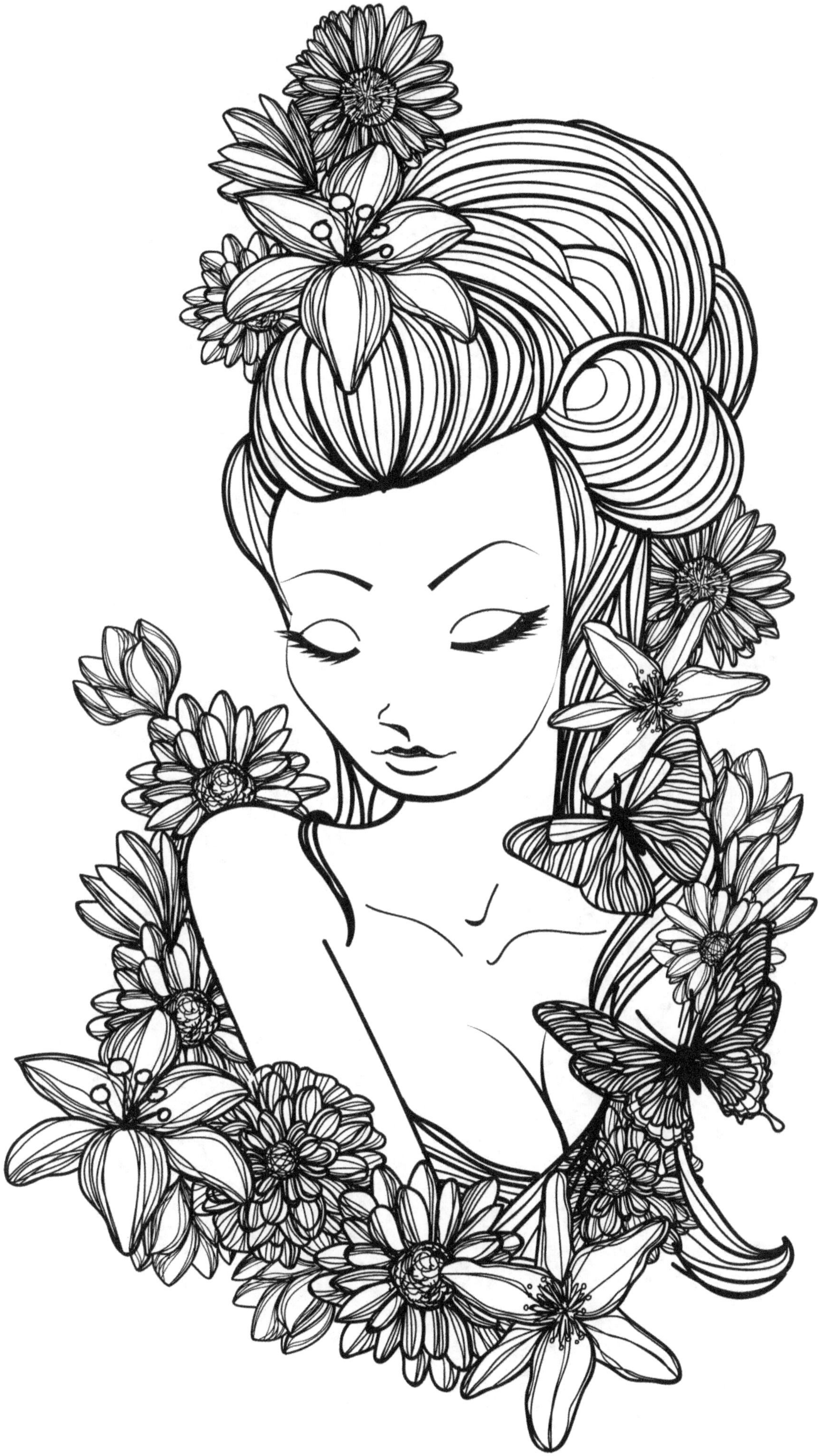

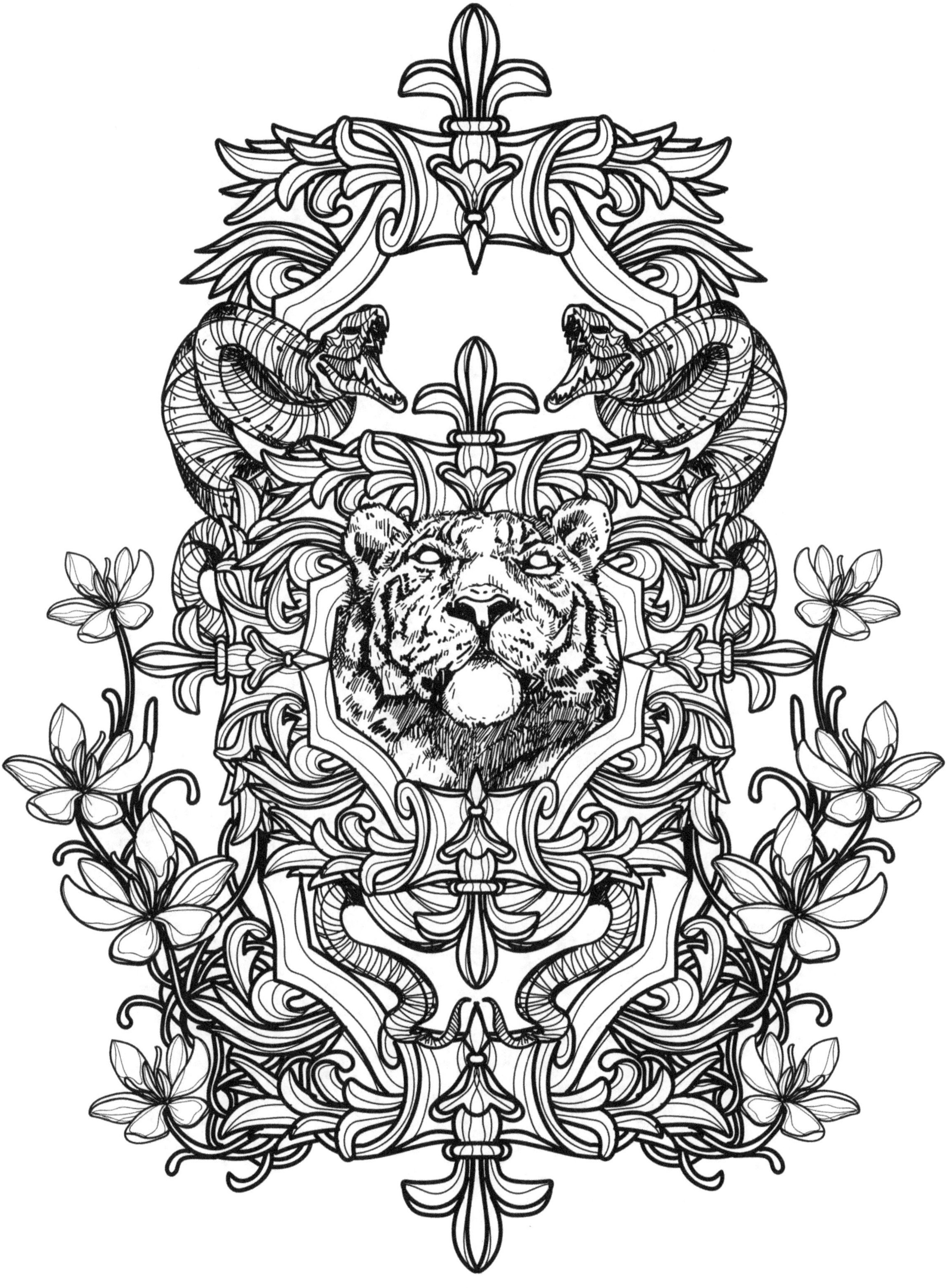

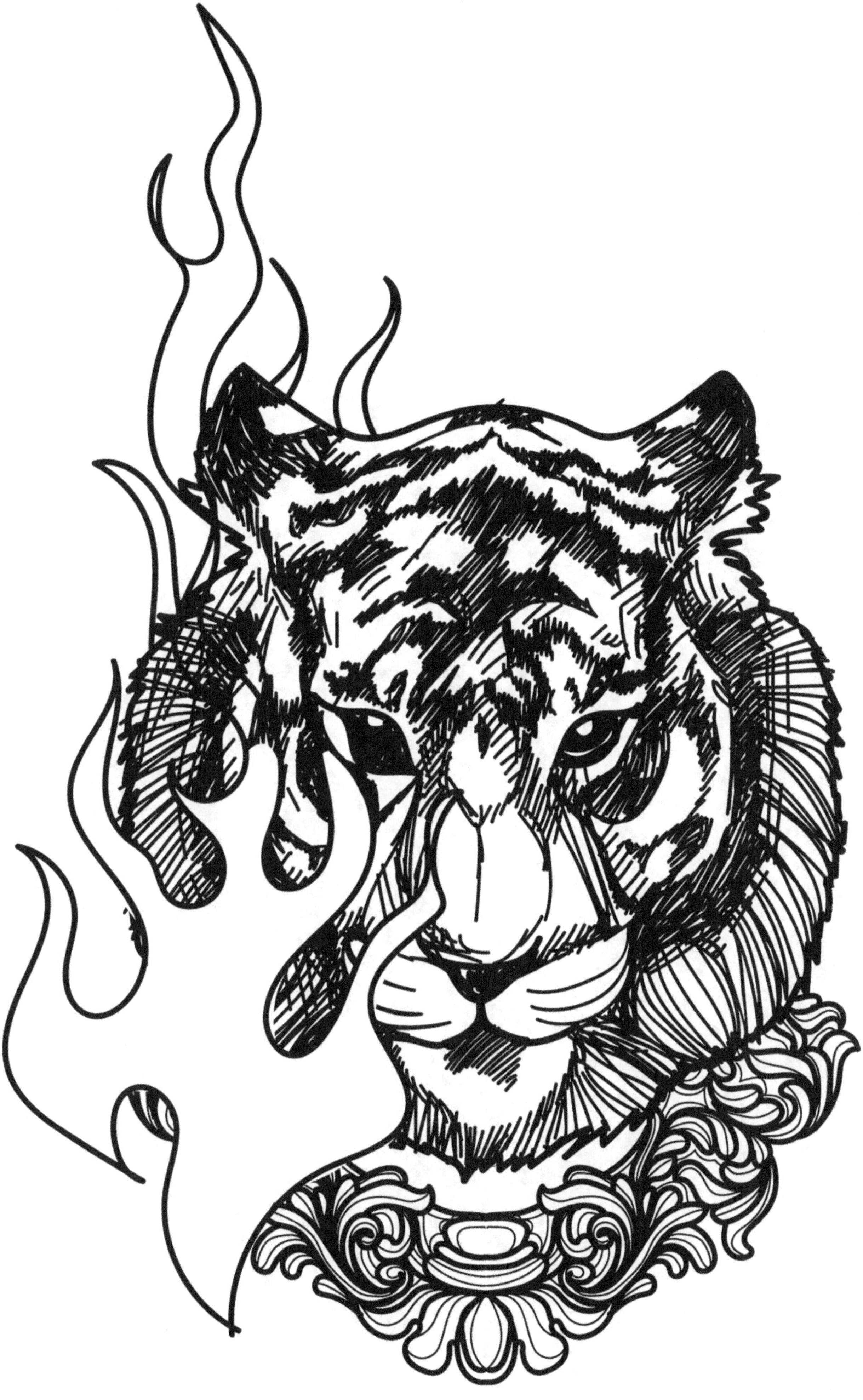

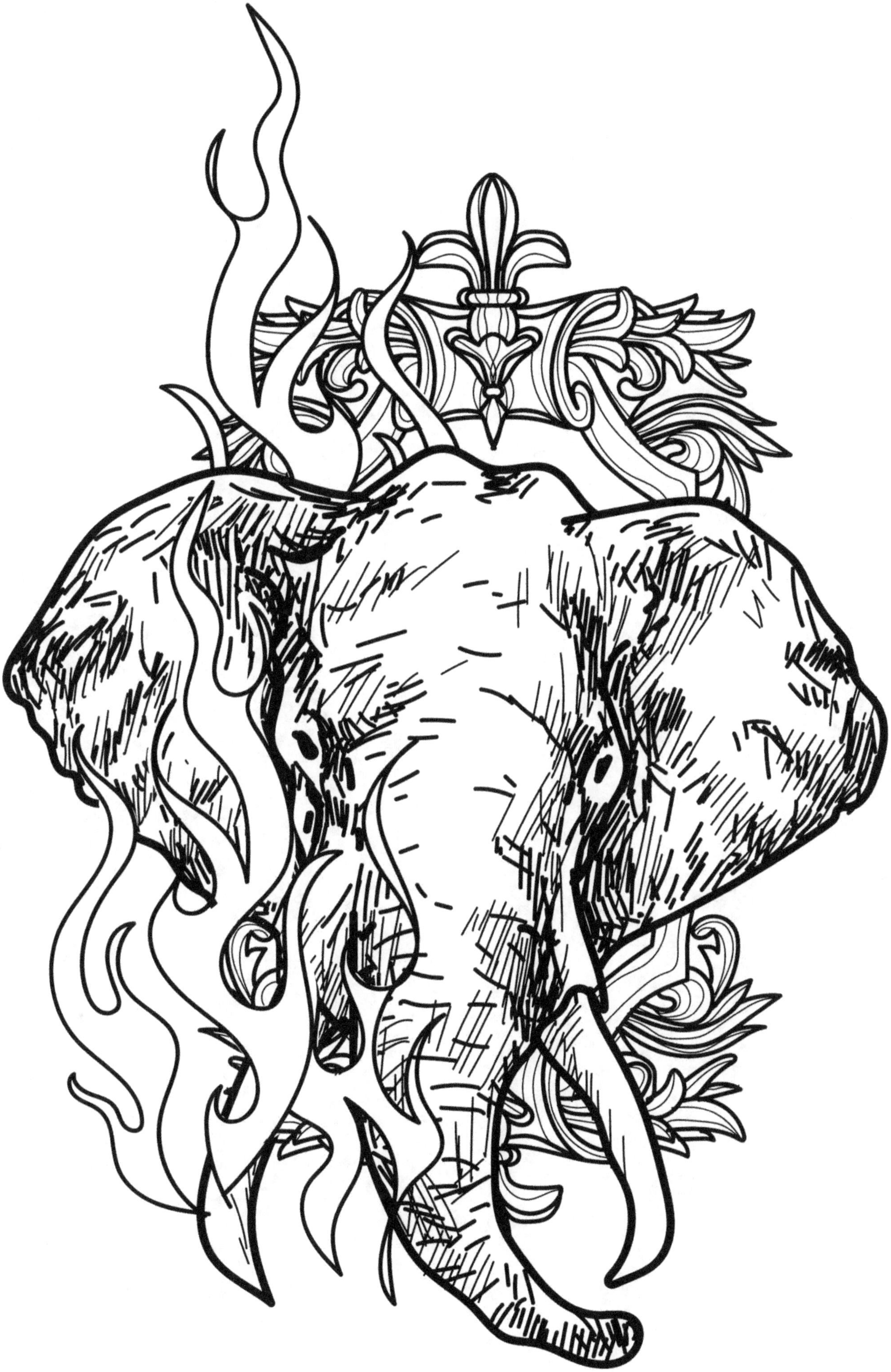

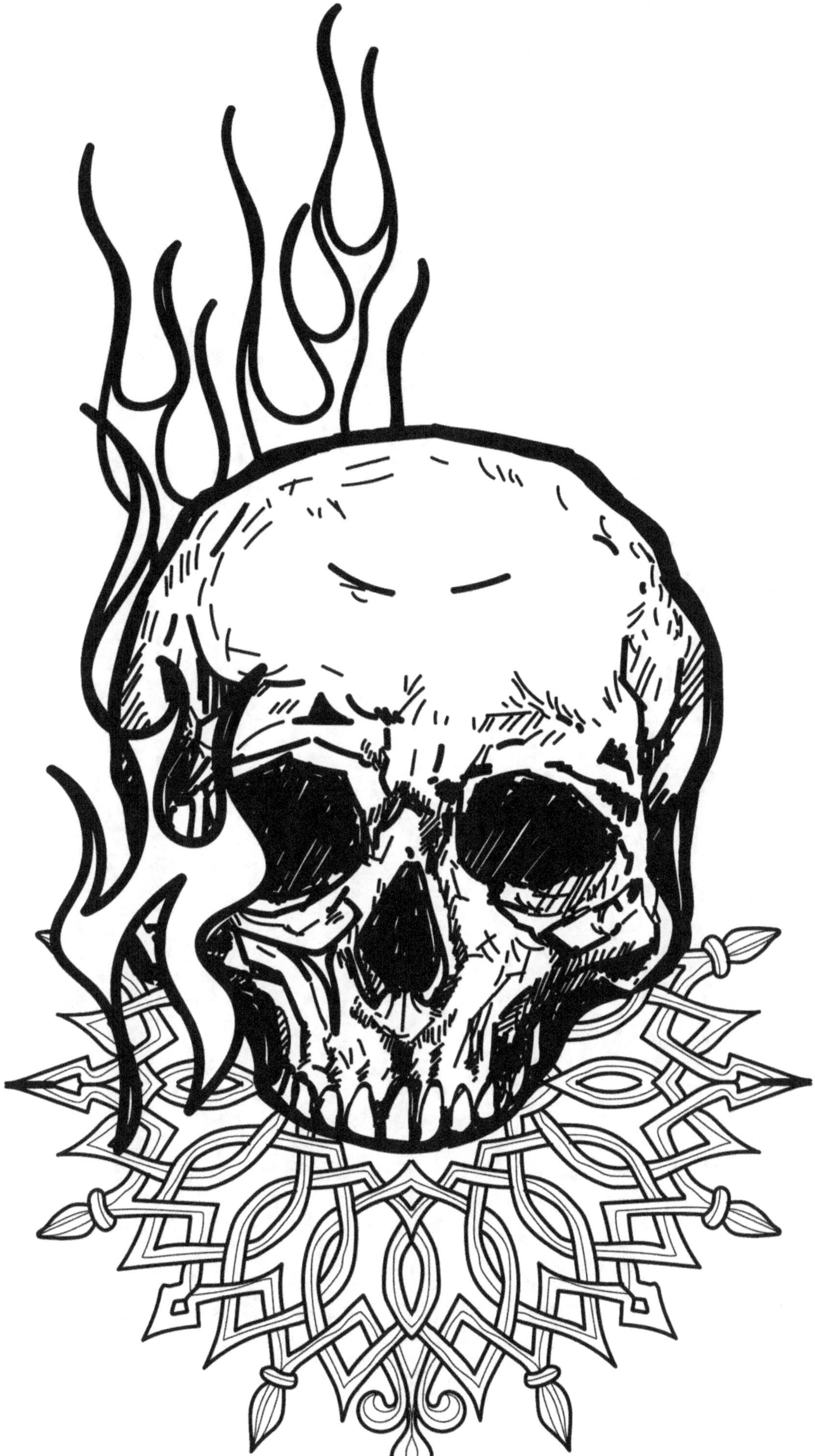

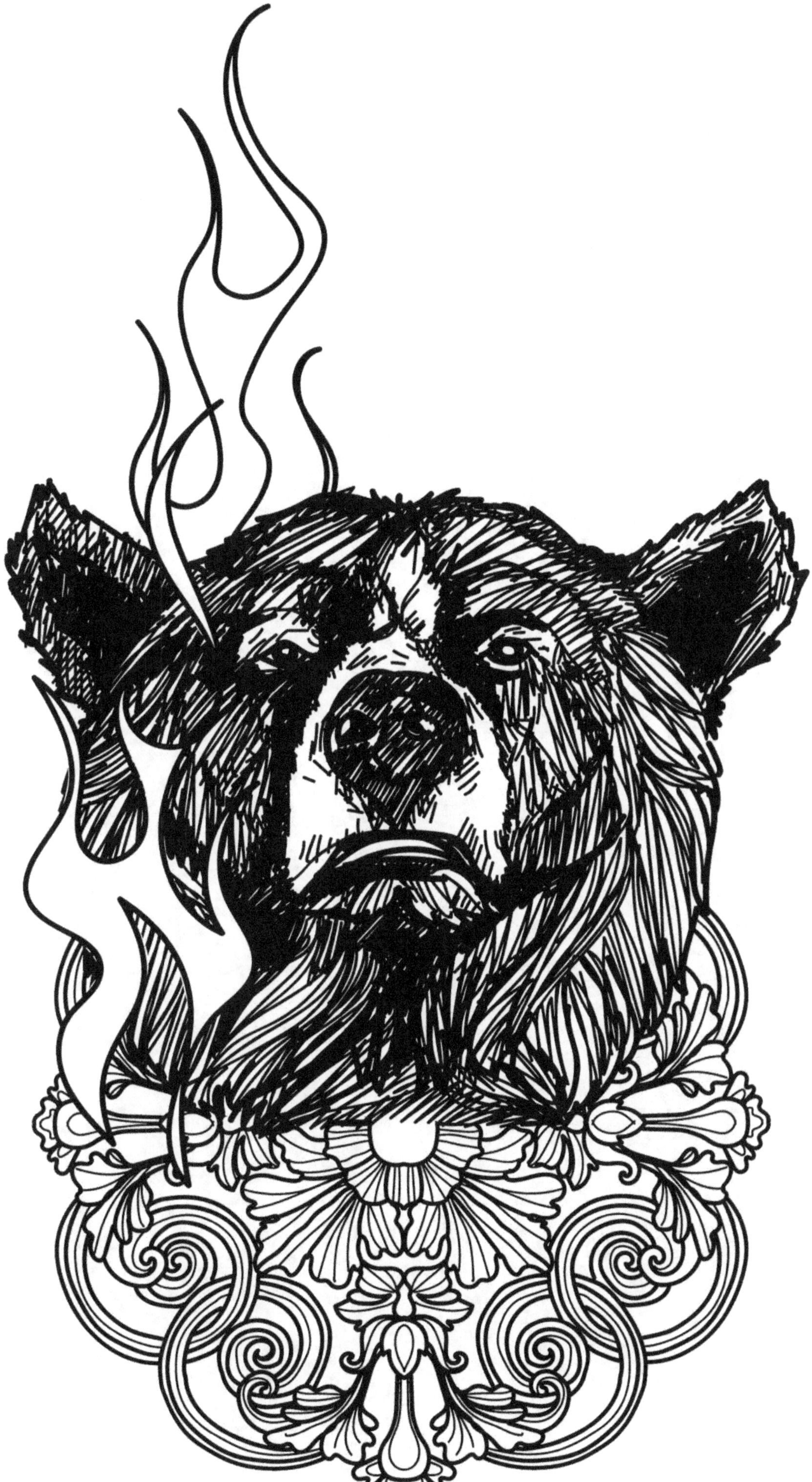

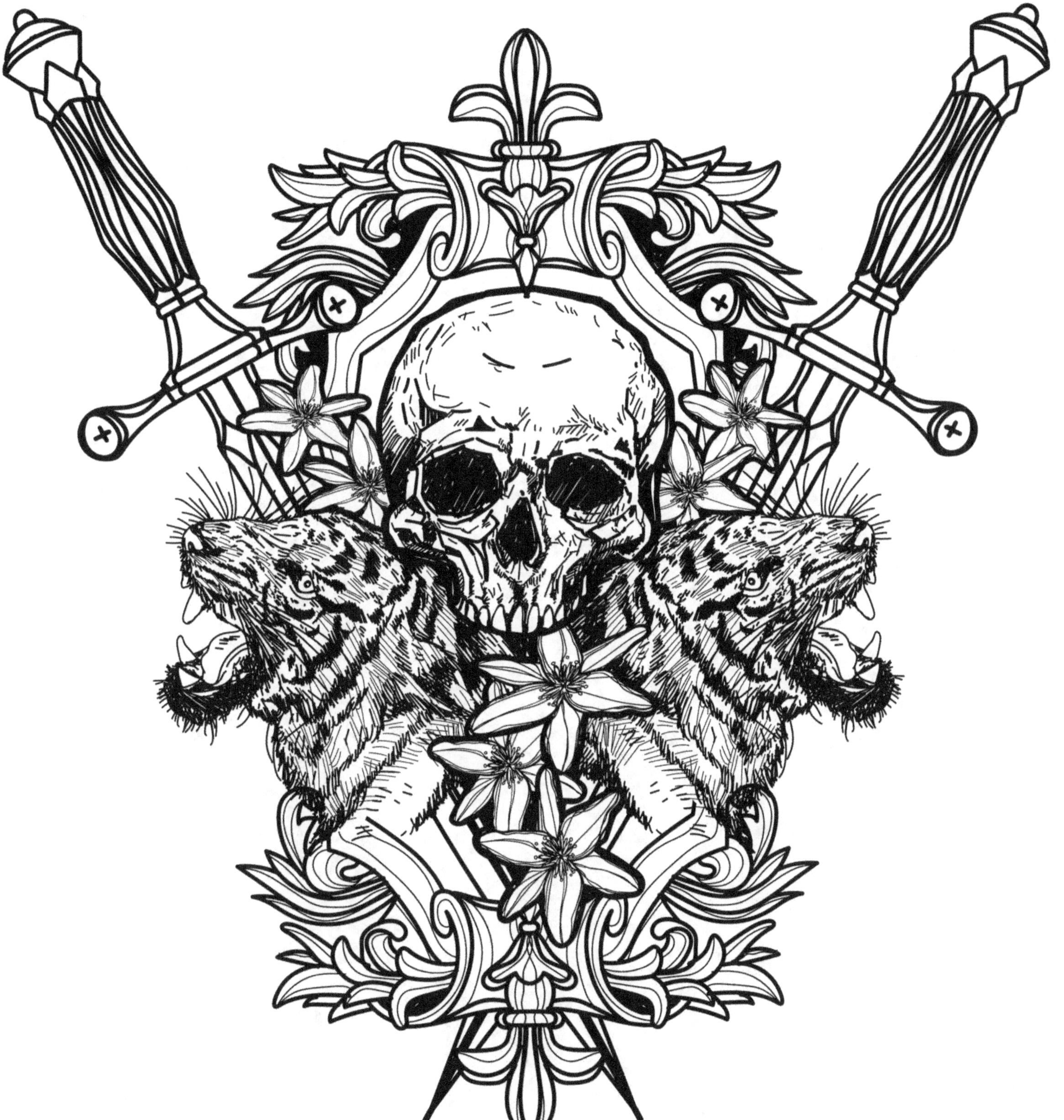

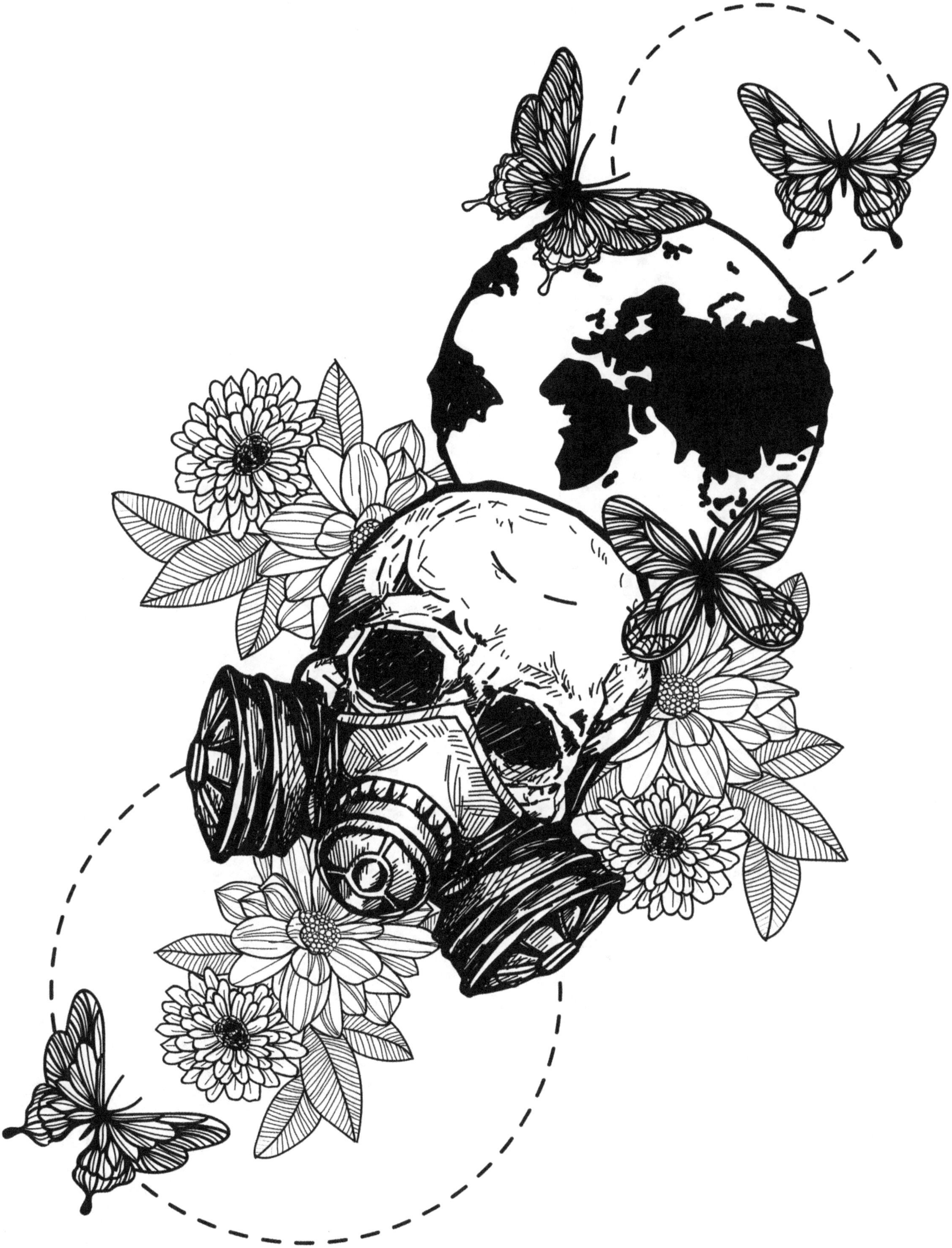

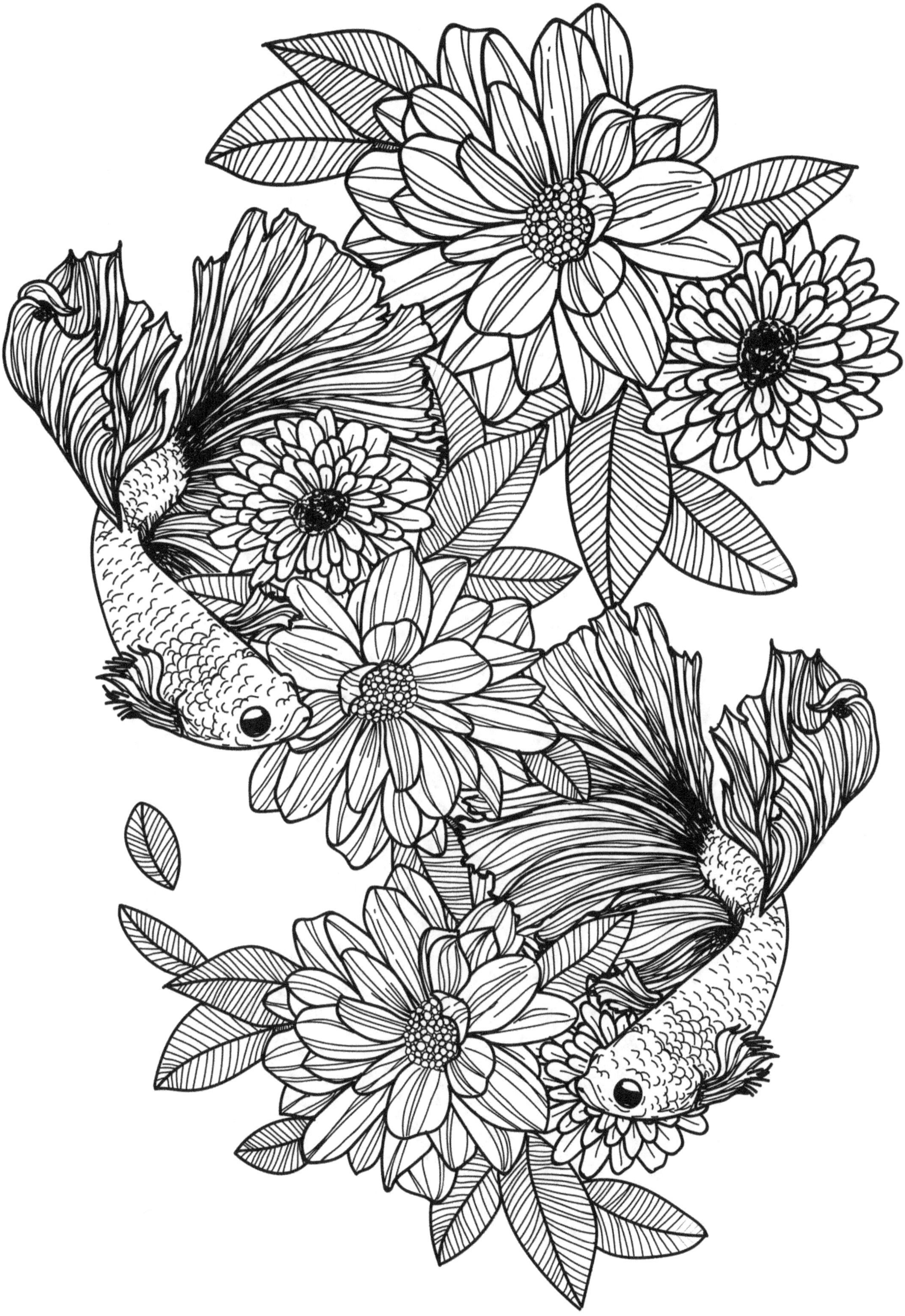

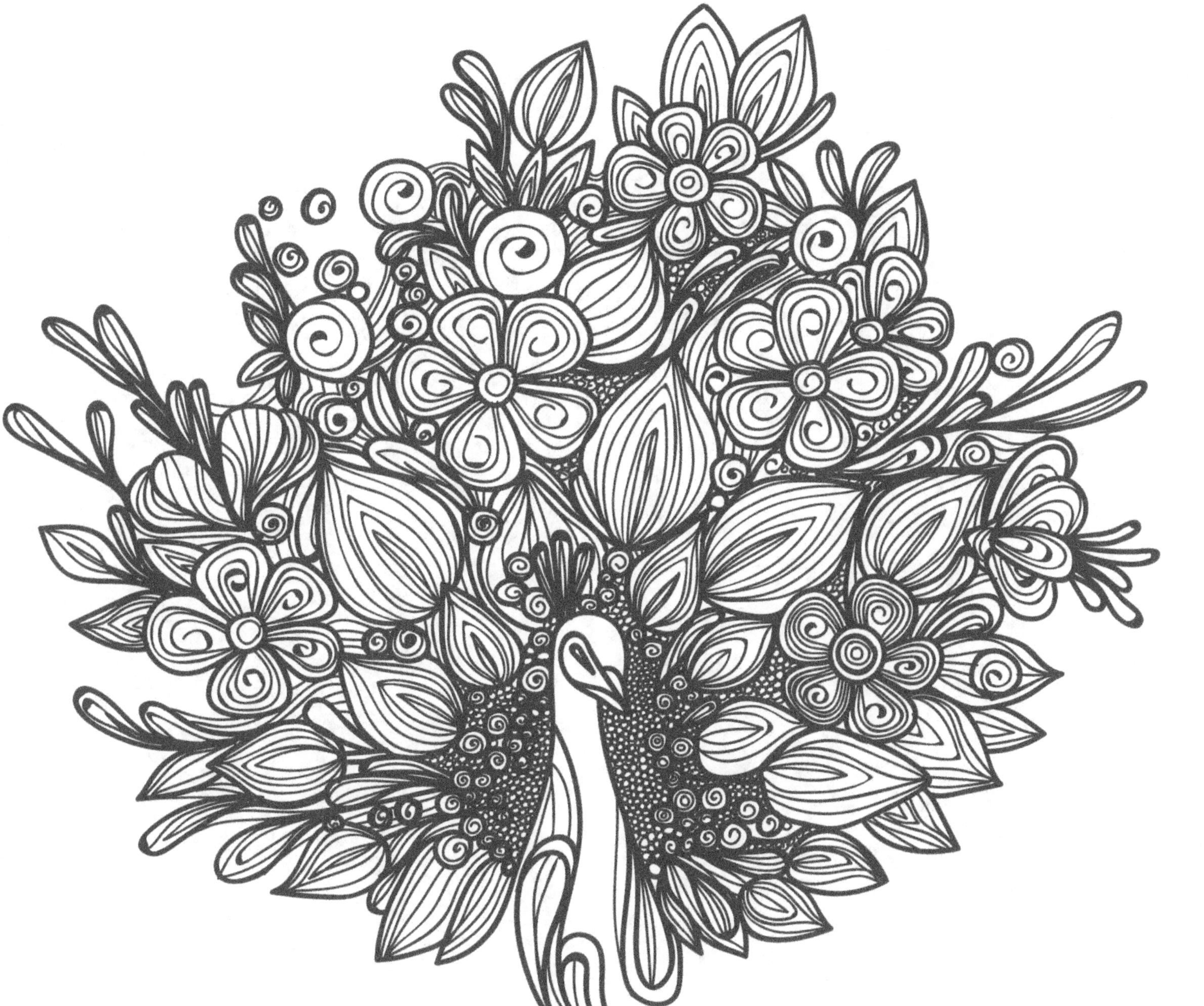

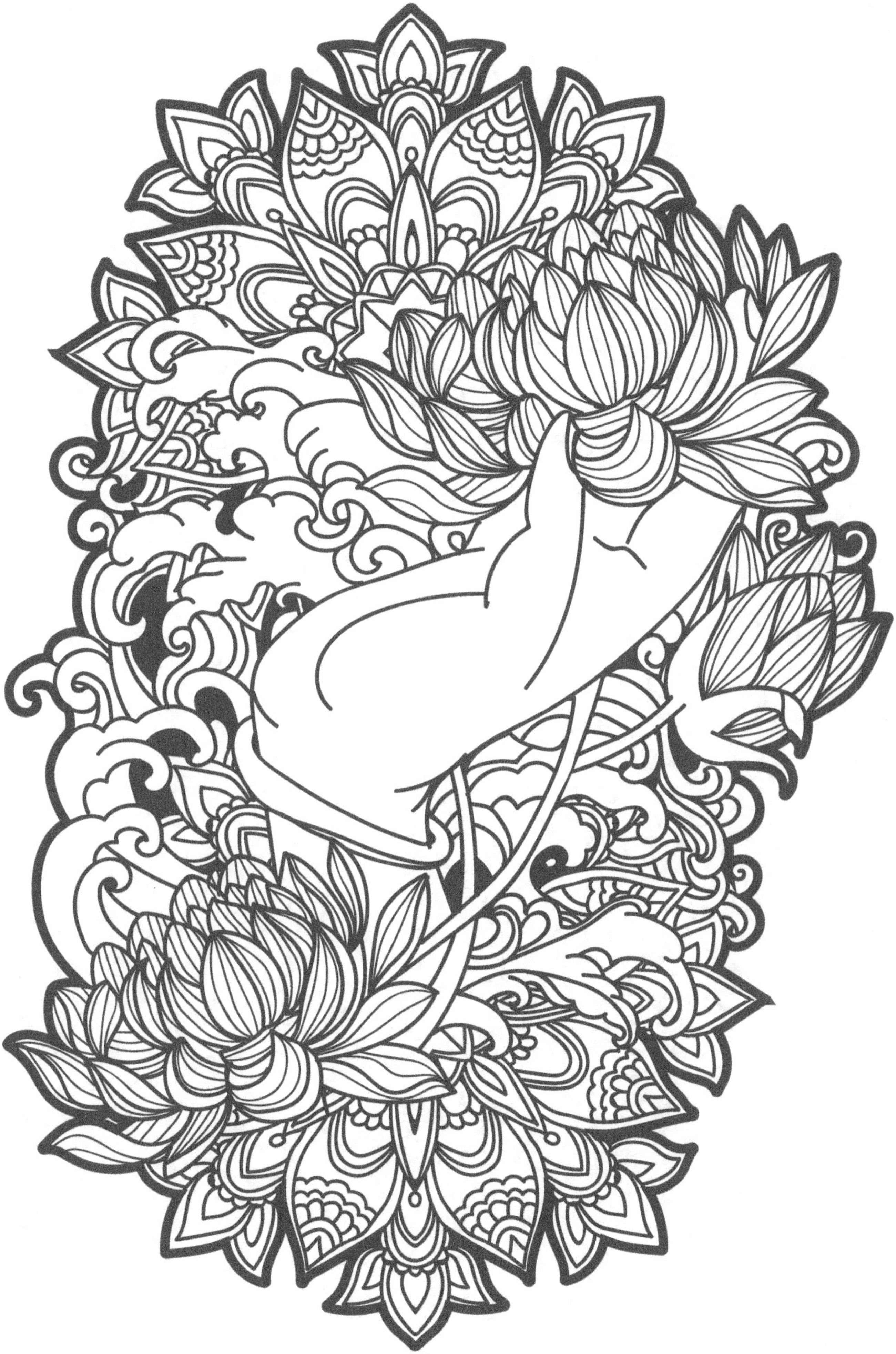

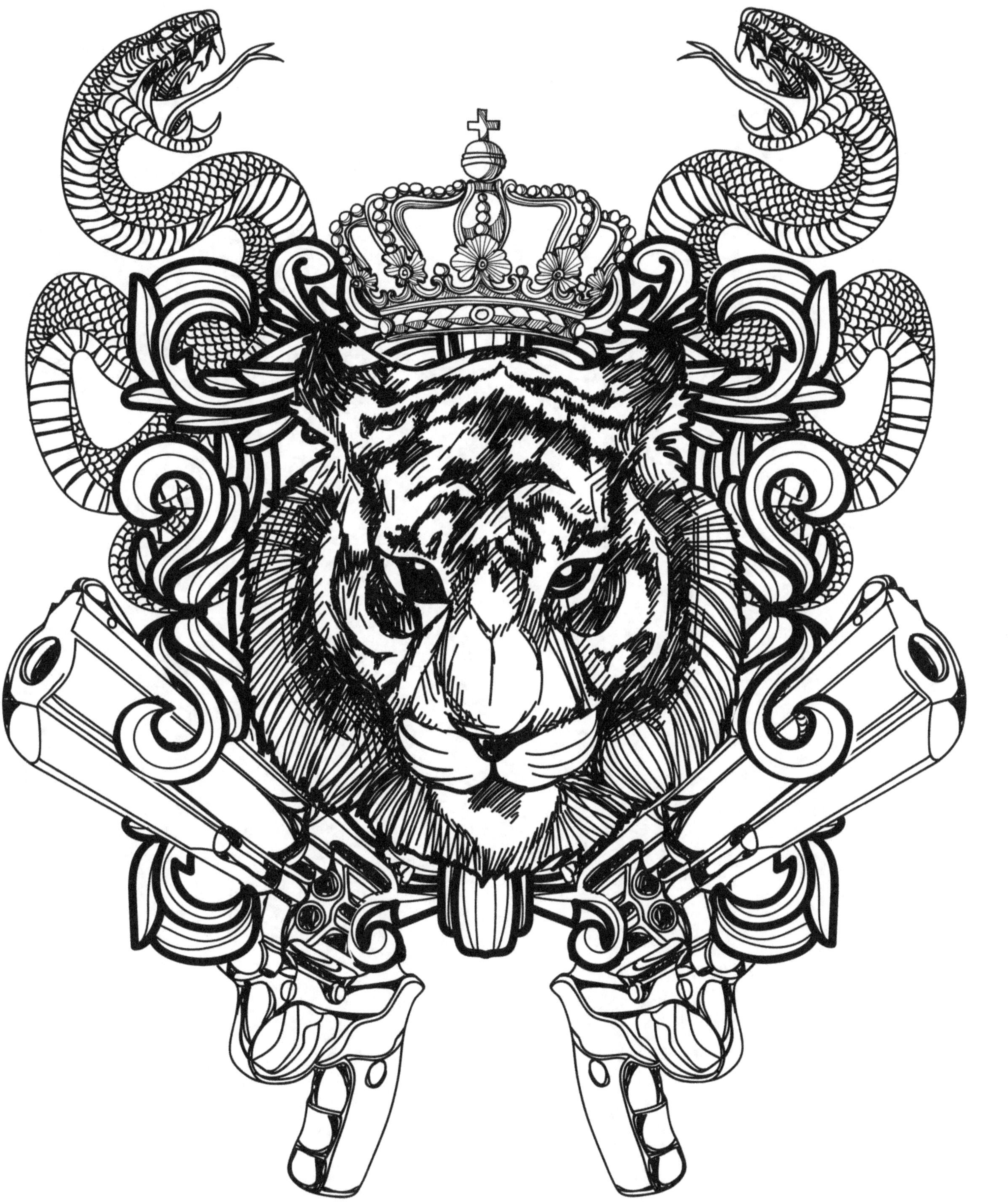

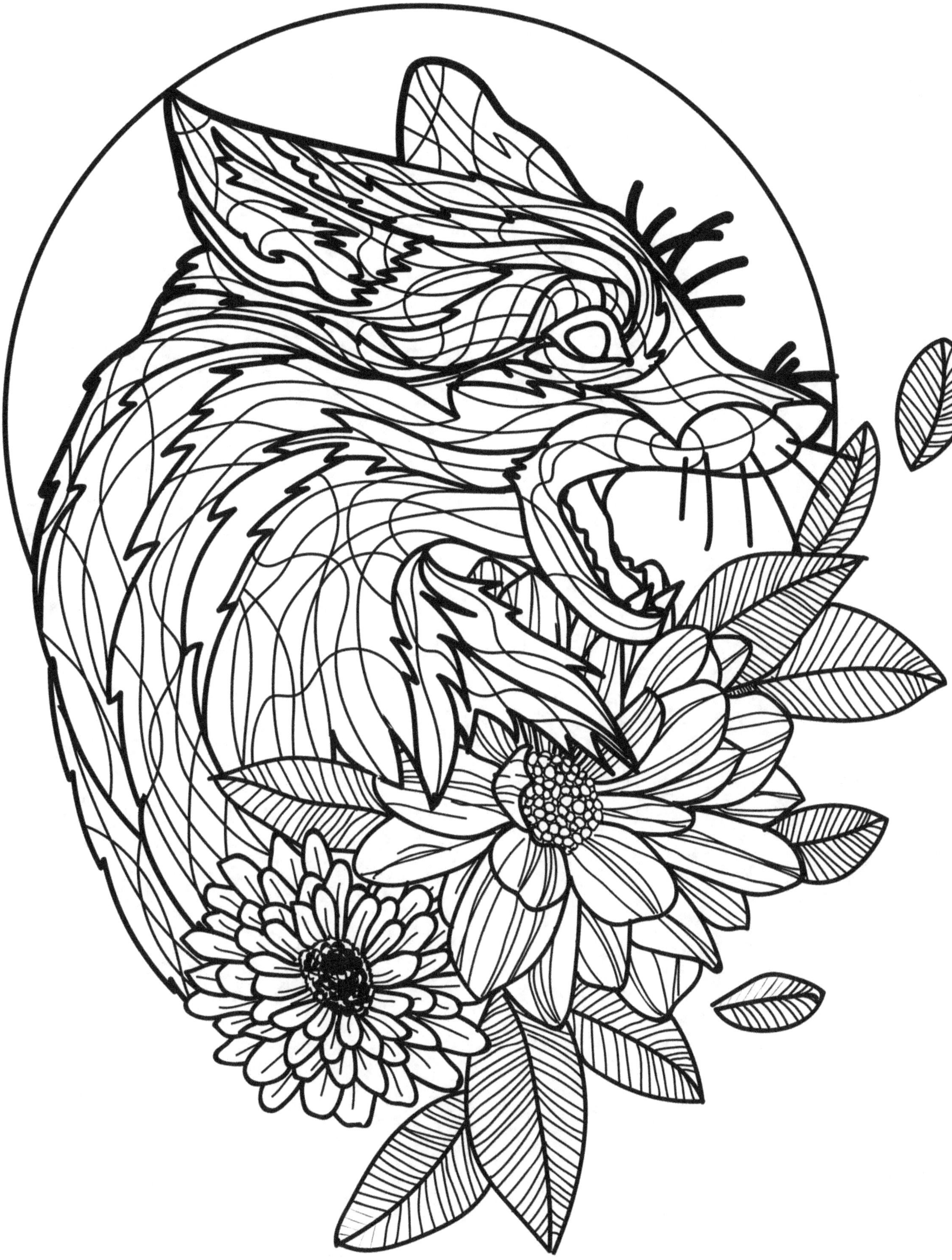

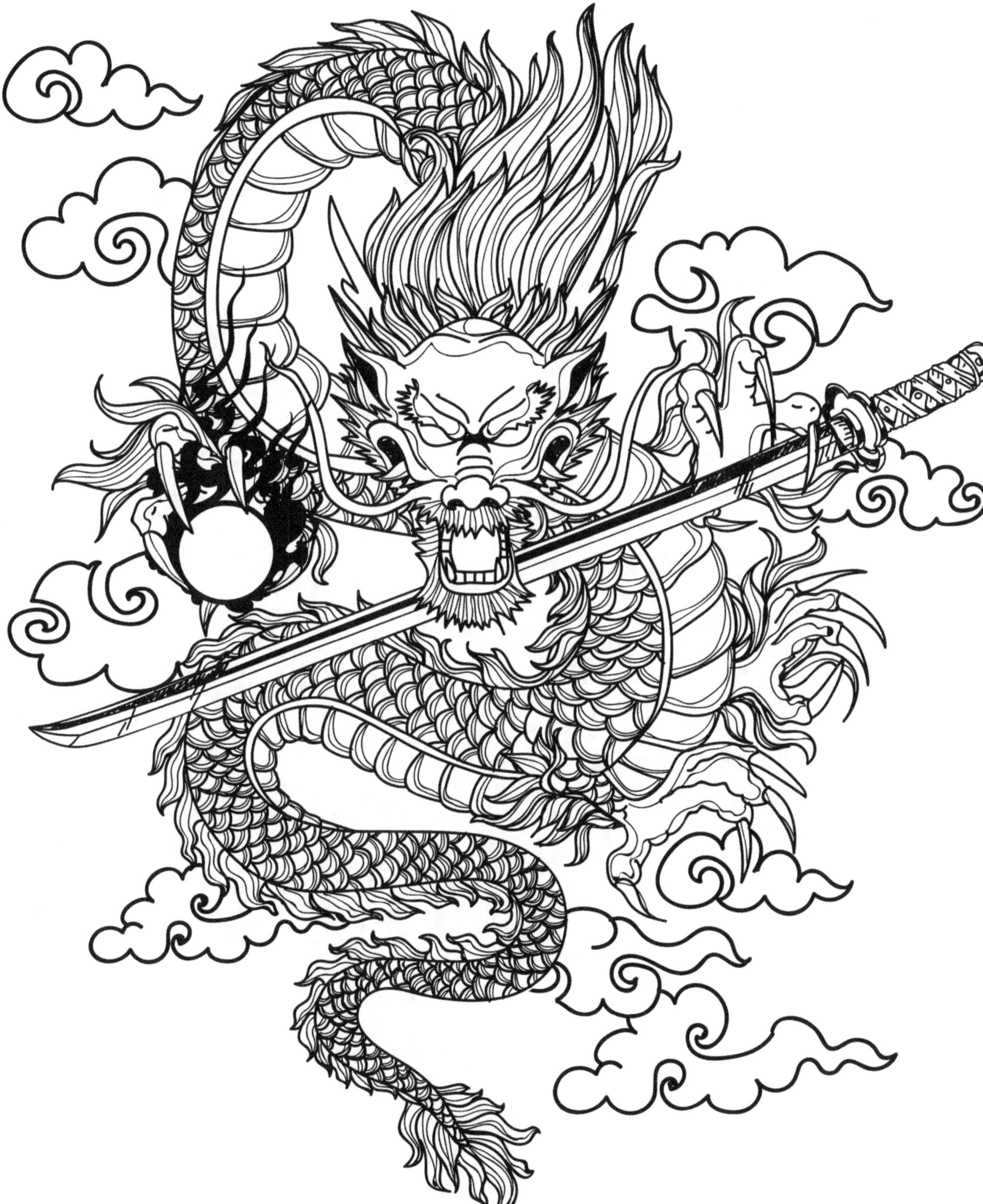

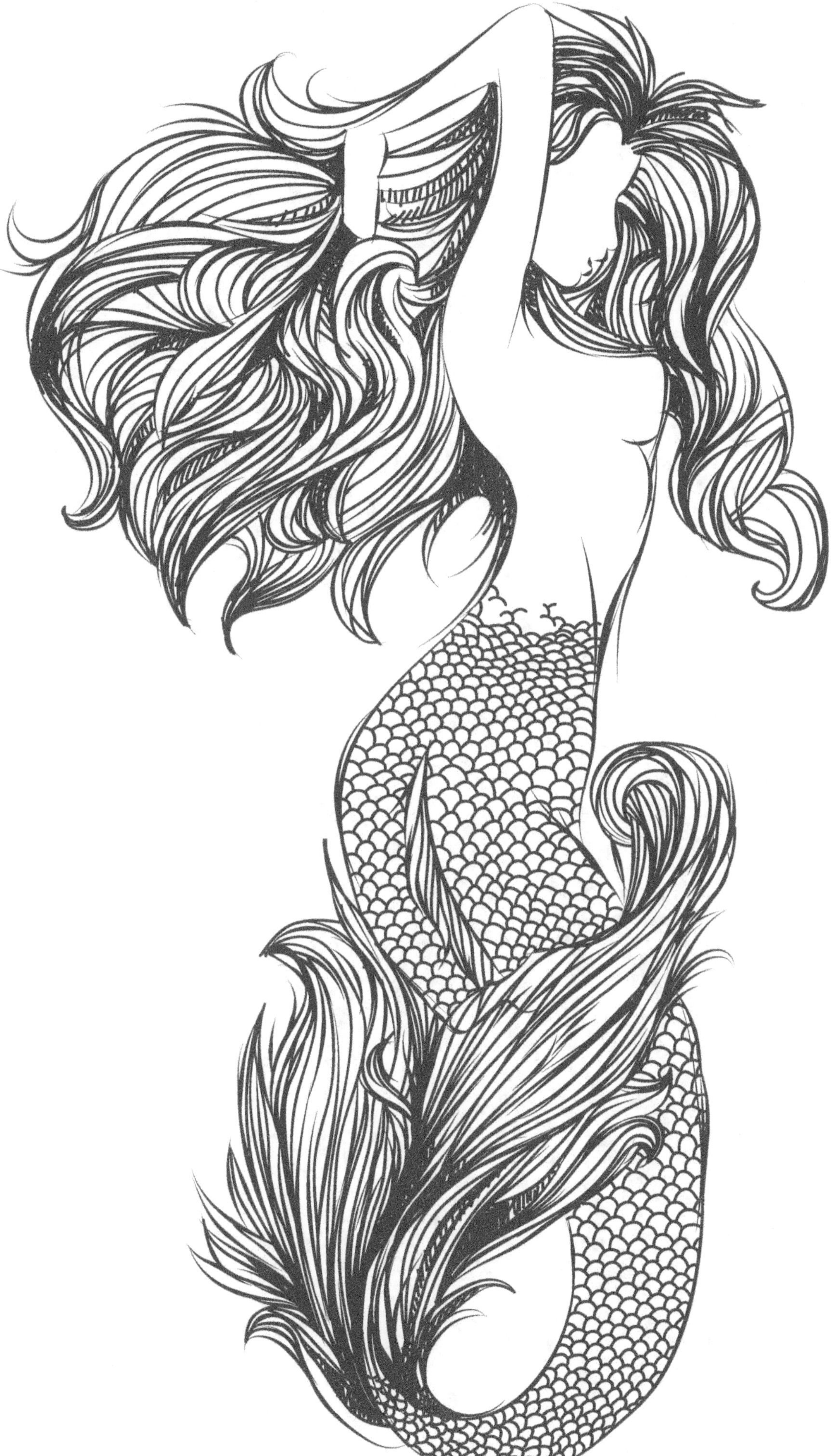

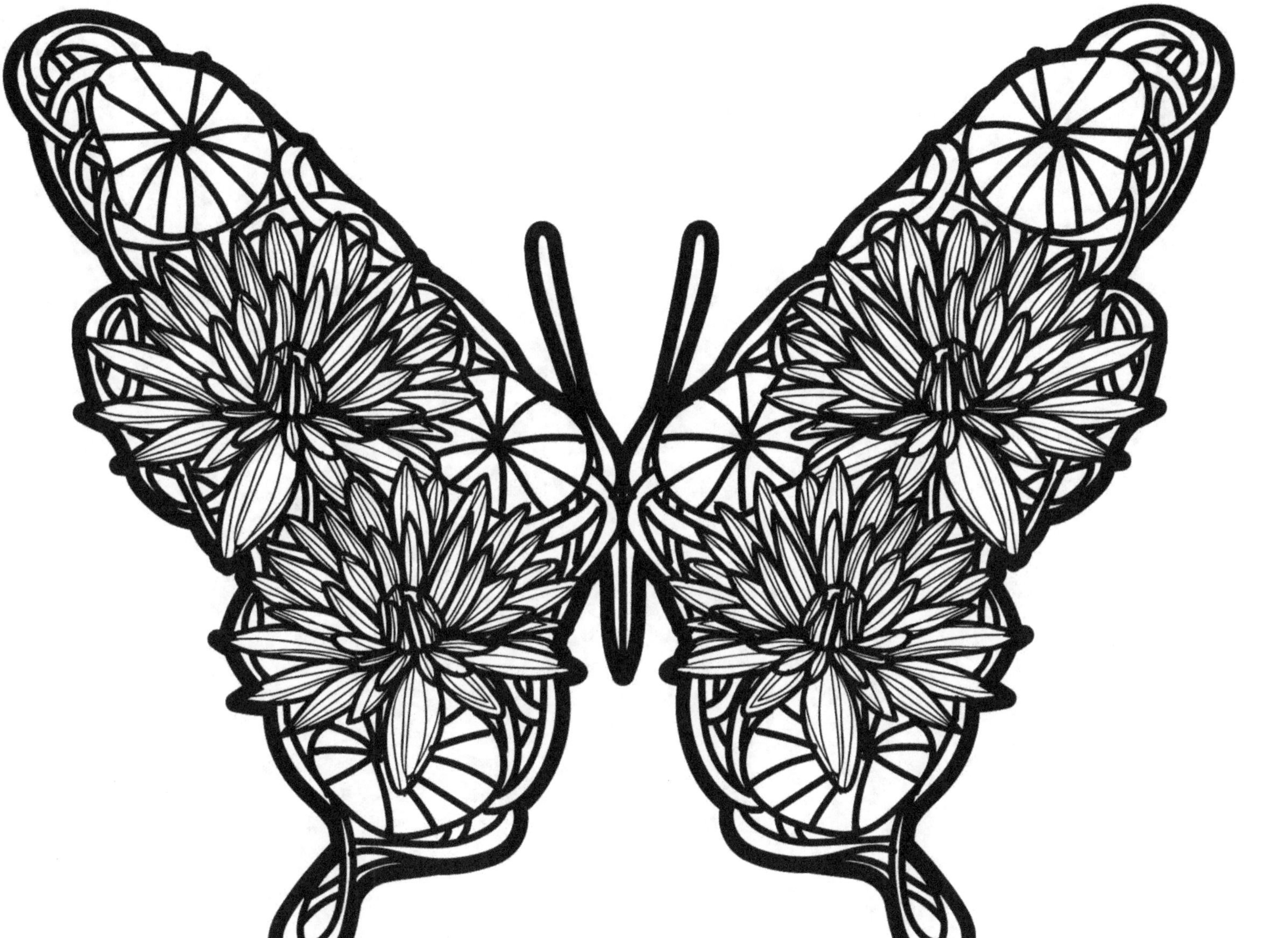

Valuta il nostro libro

Ti è piaciuto il nostro libro?

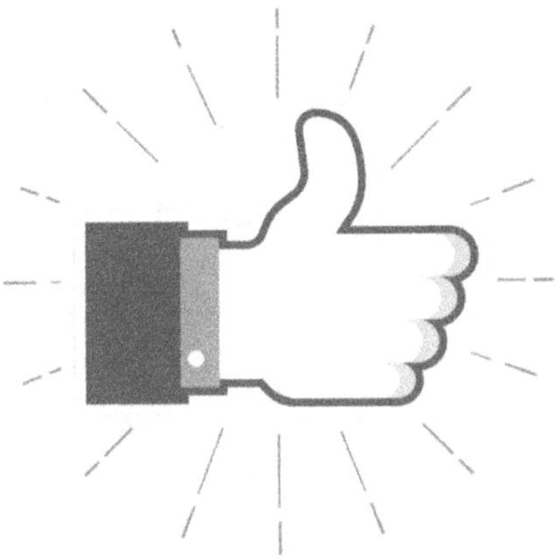

Sostenerci lasciando un commento su Amazon

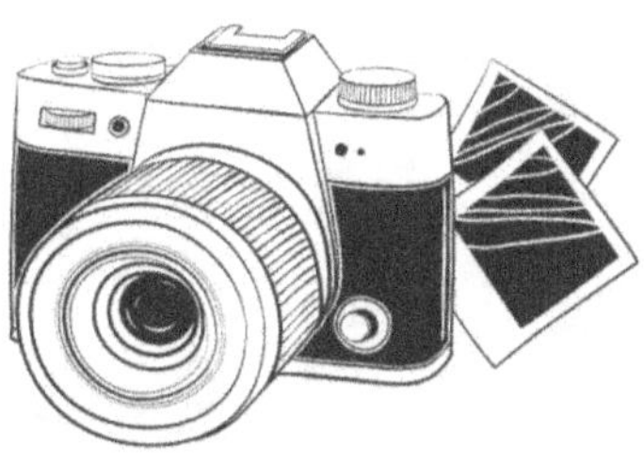

Inviaci le tue creazioni in foto nei commenti

Images : freepik.com & Icones : flaticon.com

www.ingramcontent.com/pod-product-compliance
Lightning Source LLC
Chambersburg PA
CBHW080719120726
48001CB00010B/3074
* 9 7 9 8 7 3 3 6 5 5 4 7 5 *